공무원 덕림씨

지방행정의 달인
TED초청강연자

최덕림

컬쳐코드

책을 시작하며

'1만 시간의 법칙'
한 사람이 어떤 분야에서
1만 시간 동안 의도적인 노력을 하면
그 분야의 달인이 될 수 있다는 것.

워싱턴포스트 기자 출신
말콤 글래드웰(Malcolm Gladwell)의
"아웃라이어(Outliers: The Story of Success)"라는
책의 핵심 키워드이다.

아직 학자들 사이에 논란이 많지만, 자신의 약점을 보완하면서 전문가들의 피드백과 동료들의 도움이 전제된다면 '1만 시간의 법칙'은 분명 가능한 일이라고 생각한다. 특히 공직자에게는 전문가의 피드백과 동료들(특히 상급자나 리더)의 도움이 '1만 시간의 법칙'을 성공시키는 데 매우 큰 역할을 한다고 볼 수 있다. 더불어 예산과 시민의 참여 또한 중요하다. 아무리 혼자만의 아이디어가 좋아도 다른 사람들에게 선택되지 않으면 한 발자국도 나아갈 수 없기 때문이다. 결국, 시간과 노력만으로 되는 것이 아닌 무수한 조합들이 뒷받침되었을 때, '1만 시간의 법칙'은 가능해지는 것이다.

나는 순천만과 순천만정원 조성사업을 할 때 '1만 시간의 법칙'을 믿고 실행해 봤다. 이 이야기를 글로 쓰고 싶다는 생각에 잠겨있을 때 마침 한 편집자로부터 연락이 왔다. 순천만과 순천만정원의 탄생과 조성, 그리고 성공하기까지의 과정이 궁금하다는 것이었다. 그러면서

> '오늘날 순천만과 순천만정원이 이렇게 많은 사람에게 주목받을 줄 알았는가?
> 일하면서 마음고생도 많았다던데 오해는 다 풀었는가?
> 지난날의 추억을 되살려 책을 써보는 것이 어떤가?'

등의 대화를 나누었다.

글을 쓰기 시작한 후, 즐거운 이야기만 쓰고 싶었지만 힘들었던 일들이 떠올라 잠깐 멈추기도 했다. 돌이켜 보면 그 당시 나는, 비관적인 말을 퍼 나르는 사람들을 찾아가 따지고 싶었다. 하지만, 그들을 생각하면 할수록 원한만 깊어지고 내 몸과 마음만 고통스러워졌다.

그래서 생각을 바꾸었다. '나를 오해하고 있는 사람을 찾아가 따질 시간에, 코앞에 닥치는 일을 해야 하지 않겠는가? 성공하고 나면 모두 이해할 테지.'

이렇게 나 자신을 다독였다. 하지만 때로는 '내가 바보 아닌가?'라는 생각이 들면서 마음이 맑아지지 않았다.

> 비관주의자의 말은 대개 옳다.
> 하지만 세상을 변화시키는 것은 낙관론자이다.
> '무엇을', '어떻게'만 묻는 사람과,
> '왜'를 묻는 사람과의 차이이다.
>
> 사이먼 사이넥(Simon Sinek), "나는 왜 이일을 하는가?(Start with why)" 중에서

이 말은 순천만을 복원하고 순천만정원을 조성하는 과정에서 '내가 뭘 어떻게 하면 좋을까?'하는 생각에 부딪히며 방황하던 내게 용기를 주고, 복잡한 생각을 단숨에 정리하게 했다. '맞아! '무엇을' 보는 사람과 '왜'를 보는 사람의 차이에서 오는 오해일 수 있어.'라고 생각하니, 한결 마음이 가벼워졌다. 그 당시 자기 얘기가 올바른 것처럼 말하고 다니던 비관주의자들의 말을 들었다면, 오늘날의 순천만과 순천만정원은 탄생하지 않았을 것이다.

돌이켜보면 이 일이 성공하기까지 수많은 사람의 노력이 있었다. 첫째는 이 프로젝트를 구상한 최고의 리더, 지자체장이다. 둘째로는 이 일을 기획하고 실행한 공무원들이다. 마지막은 이를 적극 후원하고 지지해준 시민들이다. 이 셋 중에 한 곳이라도 소극적이었다면 성공할 수 없었을 것이다. 여기서 나는 두 번째 자리에 해당한다. 약 8년 동안 이 일에 젊음을 바쳤다. 내 삶의 가장 많은 생각과 고민이 있었던 날들이었다. 그래서 이 책에 그동안의 기억을 되살려 최대한 사실적인 내용을 담으려고 노력했다. 다가오는 세상은 사람과 사람의 관계를 넘어 사람과 사연이 공존하는 시대가 될 것이라 한다. 자연생태야말로 그 변화의 중심에 있다. 그러기에 생태환경을 보전하고 가꾸는 일은 매우 중요하다. 앞으로 습지를 복원하고 정원을 조성하는 등

혁신적인 일들은 더 많아질 것이다. 내 이야기가 나와 비슷한 프로젝트를 추진하는 독자들에게 작은 보탬이 된다면 더없이 기쁘겠다.

이 책은 크게 네 부분으로 구성하였다. 첫 부분은 '그래픽 에세이'로 시작한다. 처음에는 생각하지 못했던 구성이다. 책을 편집하는 과정에서 출판사로부터 연락이 왔을 때 순천만과 순천만정원 이야기를 해주었더니 '나의 삶' 전체가 궁금하다고 했다. 그러면서 한 편의 드라마 같았던 나의 삶을 더욱 선명하게 떠올릴 수 있도록 그래픽으로 엮어내기를 제안했고, 그래픽 에세이가 탄생했다. 두 번째 부분은 순천만습지 복원과 환경의 중요성에 대한 이야기가 중심인 '아! 순천만'이다. 이 장에서는 이제는 우리나라가 환경을 훼손하는 매립국가가 아니라 환경을 보전하는 국가임을 순천만 사례를 통해 증명하고자 했다. 세 번째는 순천만정원 조성에 대한 이야기이다. 순천만정원이 단순한 정원이 아닌 순천만을 보호하기 위한 에코틀이라는 의미를 담고자 했다. 책의 마지막 부분에는 나의 공직 생활 철학을 정리했다. '생각하는 공무원이 세상을 바꾼다'는 철학과 공무원이 철밥통 이미지에서 벗어나, 주인의식을 갖기를 제안했다.

대한민국은 현재 지방분권시대를 맞이하고 있다. 이 중요한 시점에 지방의 한 공직자가 겪은 경험과 철학을 진솔하게 이야기했다. 그렇기에 공무원을 준비하는 수험생들에게는 '왜 공무원이 되어야 하는지' 방향을 제시하고, 공직자에게는 '왜 공익이 중요한지'에 대한 생각을 나누게 했다. 또한 '왜 환경을 보존해야 하는지'에 대한 사례를 경제적 가치로 풀어냈다. 더 나아가 이 책이 세계5대연안습지 순천만과 대한민국 제1호 순천만국가정원 여행에 빠지지 않는 동반자로서 알찬 가이드가 되기를 기대한다.

목차

책을 시작하며

그래픽 에세이

01 아! 순천만

순천만디자인! 무엇이 다른가?
환경과 생태의 본질을 찾아라
전문가를 믿고 실행에 옮겨라
흑두루미의 눈높이로 보자
철새와 갯벌을 위해 체험선도 바꾸다
사람보다 철새가 더 중요한가?
생태와 경관을 동시에 지키자
생태관광의 기준을 따르자
위기를 넘어 위대한 일을 하자

02 순천만 국제정원박람회

112

순천만생태관광의 틀을 바꾸자
순천만 보존을 위해 순천만정원이 탄생하다
순천만정원의 또 다른 가치 생태복지모델
부족한 예산으로 얻은 이름 재활용 박람회!
스카이큐브! 생태관광의 중요한 수단이다
신뢰와 투명성이 위대한 작품을 만든다

03 나는 대한민국 공무원이다

150

지방공무원이여! 주인의식을 가져라
생각하는 공무원이 세상을 바꾼다
창조행정과 업무혁신의 딜레마를 넘어라
승진만 있고, 목적 없는 삶은 싫다
일하는 자와 일하지 않는 자의 차이는?
행복한 시민을 위해 고독한 공직자가 되라
공무원 덕림씨의 꿈, 인간 최덕림의 꿈

178

책을 마치며

그래픽 에세이
Visual Story by ninemk

Why is It a Creation?
(순천만. 왜 창조인가?)
: Choi Duklim at TEDxItaewon

여러분은 '달인' 하면 생각나는 사람이 있나요?
저는 지난해 정부가 선정한 '지방행정의 달인' 최덕림입니다.

저는 공무원으로서 가장 싫어하는 말이 있습니다.
어째서 사람들은 공무원을 보고 철밥통이라고 하는 걸까요.
그 이유에 대해 생각해 보았습니다.

'기업은 성공 신화가 많은데, 왜 공무원은 신화가 없는가?'

저는 가급적이면 일을 할 때 창조적이고, 혁신적인 방법으로
할 수 없을까 고민했고, 그 과정에서 지금은 감사도 받고 있습니다.
그러나 저는 감사를 받는 것이 두렵지는 않습니다.
내가 한 일이 국민을 위해, 시민을 위해 한 일이라면
저는 기꺼이 받겠습니다.

순천만 왜 창조인가? 질문이 이상하죠?
이제 그 이야기를 시작해보려고 합니다.

TED 강의 **"Why is It a Creation?**(순천만. 왜 창조인가?)" 중에서

최덕림.
저는 대한민국 순천시 공무원입니다.
곧 퇴임을 앞두고 있고요.

제가 태어난 곳은
거지가 물어물어 찾아왔다 해서
문래산이라 불리던 곳이었습니다.

주암댐 건설로 수몰되었지만,
저는 순천에 있는 중학교에 다니기 전까지
그곳에서 유년시절을 보냈지요.

그땐, 몰랐어요.
아버지와 이장님이
사이가 좋지 않다는 것을...

**이장님은 먼 친척분이셨는데,
이장님이 불공평하게
일 처리를 하는 것에 대해
아버지가 뭐라고 한마디 하셨다가
두 분 사이가 좀 안 좋아졌다나...**

그날 밤.
아부지랑 이런저런 이야기를 했던
그 밤, 별빛은 왠지 모르게 특별했어요.

그리고 아버지의 입버릇 같던 말씀도
이때부터 시작된 것 같아요.

가끔 아버지가 지나가는 말로
"면서기라도 해라. 면서기나 되어라."
하신 말씀의 속뜻을 저도 모르게 늘
맘에 담아 두었던 것 같아요.

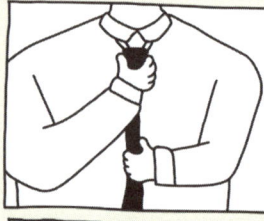

물론 그게 전부는 아니었겠지만,
어쨌든 제가 공무원이 된 건
그때, 그 기억이 한몫했을지도 몰라요.

그렇게 시간이 흘렀고, 자연스럽게
저는 공무원이 되었습니다.
물론, 치열했던 과정이 있었지만...

한... 만 번쯤 제천에서
"덕림씨"라고 불리고 난 뒤
**저는 제 고향에서
근무할 수 있게 되었지요.**

물론 농가들의 처지를 모르는 건 아니지만...
그렇다고 잘못된 걸 그냥 넘어갈 수는 없는 거잖아...

그래. 지금 당장은 이런 관행이
농민들의 숨통을 틔어 놓을 순 있을지 몰라도,
미래를 보면 오히려
농촌 발전에 독이 되는 일이야.

그 당시엔 이런 경우가 많았어요. 그게 관행처럼 굳어지고.
하지만 저는 발령 받은 지 얼마 안 된
'불의를 보면 참지 못하는 열혈 청년'이었죠. 하하...

다음날
승주군청

그게, 융자를 받은
농가들 중 대부분이
다른 곳에...

그래서... 어떻게 되었나요?

별 수 있나요. 군청에 가서 싹싹 빌었죠.

뭐, 일은 그렇게 마무리 됐어요.

융자금 회수 지시는 철회되었고, 농민들의 원성도 사그라졌죠.

하지만, 저는 지금도 제가 한 행동에 대해 후회하지 않아요. 아니, 오히려 잘한 일이라고 생각해요.

'내가 생각했던 것처럼 농업인들의 문제를 개선했다면 지금쯤 경쟁력 있는 농촌이 되지 않았을까' 하는 생각을 저는 여전히 하고 있습니다.

지금도 수조 원을 농촌에 투자하지만, 힘들고 어려운 현장이라는 이유로 눈감아버리고 회피하면 결국은 농업인들을 죽이는 꼴이 됩니다.

또 한 가지 공직자의 측면에서 느꼈던 것은... 공무원과 지역 주민 사이가 서로 고향 선·후배요, 일가친척이다 보니 편의를 봐준다는 것이 대충 적당히 눈감아 주고, 특혜를 주는 식으로 가기일수라는 거였어요.

지금도 공정하고 투명한 행정이란 그저 눈치 없고, 고지식한 사람들의 자기합리화 정도로만 치부되는 현실이 참 씁쓸합니다.

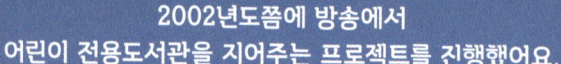

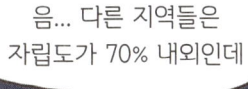
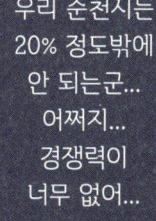

온종일 촬영현장에서 인원을 통제하고, 방송녹화를 대비하는 일은 생각보다 낯설고 힘들었지만

경 순천시 선정 축

어쨌든 그런 노력이 아깝지 않게
MBC와 책 읽는 사회운동본부가 1차로 발표한 3개 도시에
순천시가 선정되는 영광을 얻을 수 있었죠.

관계자들은 초과비용 6억 원을
순천시에서 부담하지 않으면,
기적의 도서관 1호는 순천에서
지어지긴 힘들겠다는 이야기를 꺼냈어요.

정말 난감했어요.
우리나라에서 최초인 것과 2호인 것은
차원이 다른 문제라고 생각했거든요.
하지만 순천시는 초과 부담금
6억 원을 낼 예산이 없었고,
그렇다고 이미 TV를 통해 공표한
시민들과의 약속을 어길 수도 없는 일이었으니
정말 사면초가가 따로 없었어요.

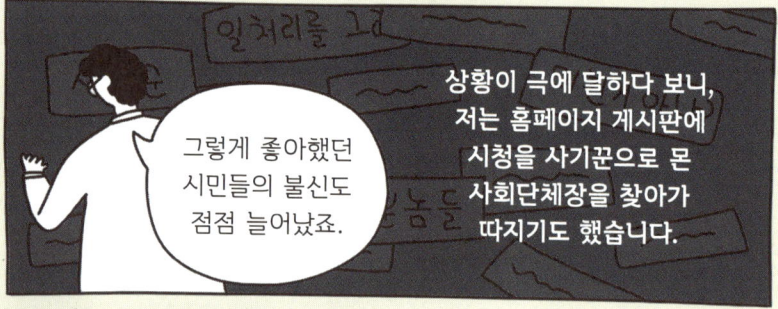

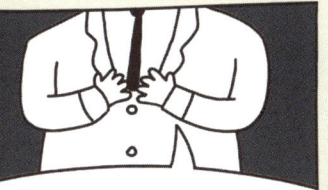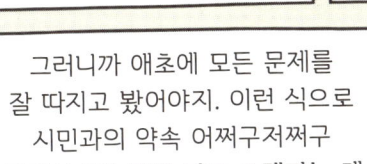

 공무원 덕림씨

공무원 넉림씨 #그날에 #우여곡절 #삶이락 #공무원이관 #순컨 #기적의두서관 #억울 #시원섭섭 #느낌표 #어린이 #순천만

1일전

댓글 달기...

그때, 그런 생각이 들더군요...
지금까지 내가 생각한 공익요원은 어떠했나...
신체활동이 어렵거나 학업을 못 마친 상태여서
현역 입대를 못 한 사람... 뭐... 이 정도였지요.

하지만 할머니를 보자
'아, 저들도 집에선 누군가의 귀한 아들이요, 손자겠구나...'
하는 생각이 들었어요.

그러니까, 제 이야기는 장천동사무소를 리모델링하면서 생긴 강의실을 공익요원을 위한 검정고시 임시 교실로 사용하자는 겁니다.

글쎄요...취지는 좋지만... 그렇게 되면, 선생님도 초빙해야 하고

교재 비용은요? 예산도 없는데...

걱정 마세요.

일단 예산은 제가 시의회에 올려 보겠습니다.

시의회 당일

내일 이 시간에 모두 모이라고 전해.
한 명이라도 빠지는 사람 있으면,
혼쭐을 내줄 테니, 이유 불문하고
무조건 참석이야. 알았어?!!

**정말 화가 났어요. 시의회에서 안 된다고 하는 걸
설득에 설득을 거쳐 겨우겨우 승인받고 교재까지 구입했는데**

일주일 만에
나타난 결과라는 것이,
다 도망가고 겨우
7명만 남아있었으니…

사실 난감하고, 막막했어요. 부모도 시키지 못한 공부를 시키려니... 하기 싫은 공부를 시키려니 정말 어렵더라고요.

이건 저를 위한 일이기보다는 본인 자신을 위한 일이잖아요. 공부해서 남 주나요? 그래서 이를 악물고 정신교육을 했죠. 뭐... 그때여서 가능했던 일이고, 지금은 다르겠죠.

게 나를 위한 거 / 내가 언젠가
공부해서 남 주냐고? / 이했지? 젊어 고생
에서 편하게 공부하라 / 사서도 한다고,
물심양면으로 지원하 / 지금은 모르지만
대체 니들 무슨 생각으 / 이일을 하지 않으
러는 거야? 어 / 에 후회할 거

이 있으면 애 / 는 한명도
여러분에게 지급된 책!! **시민의 세금**으로 산 거
런 식으로 하는 것을 시민들이 안다면 큰
지금까지 한 것은 모두 용서할거야

그래픽 에세이 / 57

전혀 생각치 못한 대답이었어요.
배가 고파서라니...

어이가 없기도 하고, 웃기기도 하고...
다시 생각해보니, 그럴 만도 한 것이
이 친구들은 흔히 말하는 돌도 씹어 먹을 나이의
건장한 청년들이었으니,
제 생각이 아주 아주 짧았다는 생각이 들더군요.

저... 팀장님 어떡하실 건가요?

글쎄요...

일단, 좀 알아봐야겠지만,
팔고 남은 빵을
시설 등에 보내주는
빵집이 있는데,

거기다 사정을
얘기하고,
도움 좀 청해 보죠.

아... 네... 그거
좋은 생각이네요!

그리고..
많은 우여곡절이 있었지만,
그 모든 상황을 극복할 수 있었던 것은
근무시간이 지났음에도
기쁜 마음으로 자신의 시간을 내어 이들을 위해
돌아가면서 함께 했던 동료 직원들과
자원봉사 선생님들이 계셨기 때문에 가능했던 일이었습니다.

그렇게 두 번의 검정고시반을 운영하면서
총 13명의 합격생이 나왔고,
예산 등 여러 가지 문제로 결국 두 번을 끝으로
검정고시반은 없어졌습니다.

저는 다른 부서로 이동했다가
우연히 검정고시반을 다시 찾게 되었습니다.
검정고시반은 컴퓨터 기능반으로 바뀌었고,
얼마 가지 않아 이 또한 없어졌다고 하더군요.

이 경험을 통해 같이 일하는 동료들과
가치와 의미를 공유하지 못하고 하는 일은
어떤 일이든 하루도 운영하기 힘들다는 것을
새삼 깨닫게 되었습니다.

그때, 검정고시에 합격한
친구들은 지금 어떻게
살고 있으려나... 허허...

> 그건 그렇고... 이제 정말 본격적인 이야기를 해야 할 것 같은데요.
>
> 당신의 인생에서 가장 많은 시간과 노력을 기울였고, 절망과 환희를 오가게 했던 그 일이요.

> 하하... 순천만을 이야기 하시는 거라면 3일 밤을 새도 부족 한데...

> 오늘은 데이터가 초과되서요... 내일 다시 연락 드릴게요~

> 나 오늘 필 받아부렸는디? 메일로라도 써서 보낼까나?

> 그래주시면 좋고요. 듣는 것도 은근 체력소비가 크네요...

> 그럼 전 이만...

> 홀로그램이 무슨 체력이 떨어진데?

> 밧데리가 나가부러쏘?

01 아! 순천만

순천만디자인!
무엇이 다른가?

10년이면 강산도 변한다는 말이 있다. 오늘날의 순천만을 두고 한 말 같다. 2006년 '순천만을 새롭게 디자인하라'는 과제를 처음 받았을 때, 나는 지금의 이런 결과를 상상이나 할 수 있었을까… 그저 만감이 교차할 뿐이다.

순천만을 새롭게 디자인하기 전까지만 해도 순천만의 풍경은 간척한 농경지에서 농사를 짓는 모습이 전부인 그저 평온하고 조용한 곳이었다. 2004년 남해안 관광벨트 사업으로 순천만 갈대밭에 사람이 걸어 다닐 수 있는 데크를 설치하면서 관광객이 늘긴 했지만, 관광객이라고 해봤자 겨우 연간 20만 명에 불과했다. 생태공원관리를 위한 근무자도 5명 정도로 건물이나 시설물 관리만 하는 상태였다. 그나마 갯벌 체험장에서 아이들이 갯벌 체험을 하는 것이 가장 큰 사업이었고, 그걸 제외하면 무엇을 바꾸고 새롭게 할 이유가 없는, 그대로 둬도 될 듯한 그런 곳이었다. 그런데, 나는 그런 곳을 '새롭게 디자인하라'는 임무를 받은 것이었다.

나는 순천에서 나고 자랐다. 누구든 자신이 나고 자란 지역에 대한 자부심과 애향심은 있을 것이다. 나 또한 그러했다. 하지만 가끔 정부 기관에 인사를 가서

"순천에서 왔습니다."
하면,
"순창이요?"
하다가, 한참 설명하면 그제서야

"아! 여수 위에 있는 순천!"

이렇게 대화를 했을 정도로 순천은 잘 알려지지 않은 도시였다. 그래도 그렇지, 인구 28만의 도시 순천을 인구 3만 정도의 순창과 헷갈리거나, 여수 위쪽 어디라는 이미지로밖에 기억되지 않으니 아쉬웠던 일이 한두 번이 아니었다. 하지만 그도 그럴 수밖에 없었던 것이 2007년 당시 인근 여수시에는 국가산업단지가 있었고, 광양시에는 포스코와 광양항이 있었지만, 그에 비해 딱히 내세울 것 없는 순천시는 그저 조용한 전원도시, 혹은 교육의 도시쯤으로 인지될 수밖에 없었던 것이다. 순천만 중장기 발전방안을 모색하기 전까지 나 또한 도시적 관점으로 볼 때 '순천'이라는 내 고향을 알릴 뾰족한 묘안은 없다고 생각했다.

TF팀을 꾸려 6개월 정도 연구를 진행하던 어느 날, 이런 내 생각은 완전히 바뀌게 되었다. 순천시라는 도시만 놓고 보면 사람들이 말하는 것처럼 크게 내세울 것이 없지만, '순천만'을 함께 놓고 본다면 우리나라 어느 도시와 비교해도 경쟁력이 있다는 생각이 들었다. 대한민국은 물론 세계에서도 유일하다는 생각까지 미치자 '그래. 순천만이라면 서울에도 뉴욕에도 상해에도 없는, 오직 순천에서만 볼 수 있는 자랑거리가 될 수 있어!'라는 확신이 생겼다.

더 나아가 전남도청 앞을 흐르는 영산강 하구, 부산 을숙도 낙동강 하구, 마지막으로 새만금으로 막힌 만경강과 동진강하구를 보면 알 수 있듯이 우리나라는 물론 잘 사는 나라일수록 강하구를 막았다. 그렇기 때문에 이제는 순천만이 우리나라를 넘어 세계에서 유일하게 자연 자원을 그대로 간직한 채 남아있는 마지막 하구라고 생각한다. 나 또한 '순천만을 새롭게 디자인하라'는 명령을 받고부터 순천만을 바라보는 시각을 바꾸면서 더욱 자부심이 생겼다. 그리고 이를 추진할 부서인 관광진흥과 직원들을 사명감 있는 사람들로 구성하였다. 이렇게 긍정적인 생각과 책임감을 느끼는 과정을 거치면서 힘든 출발은 시작되었다. 그렇게 나는, 내가 나고 자란 순천과 순천만에 대한 자부심으로 순천만의 생태를 자원화해보겠다는 야심 찬 다짐을 하게 되었고, 사명감 넘치는 20명의 직원으로 신설된 관광진흥과에서 순천만을 새롭게 디자인하겠다는 의지를 불태우게 되었다.

환경과 생태의
본질을 찾아라

나는 '순천만을 새롭게 디자인하라'는 숙제를 안고 관광진흥과 과장으로 발령받았다. 새로 신설된 부서는 이상하게도 성과가 나야지만 예산이 배정되는 독특한 시스템 특성상 예산과 지원이 항상 부족하다. 우리 부서 또한 예산 확보가 무엇보다 가장 시급한 일이었다. 나는 환경부와 문화관광부를 찾아가 국가 예산을 최대한 확보했다. 우선 1억 원이라도 예산을 받아서 하루라도 빨리 시범사업을 시작하고 싶은 마음이었다.

매일 순천만 현장을 걸으며, '어떻게 하면 순천만을 새롭게 만들 수 있을까?', '무엇이 문제이고, 현명한 답은 무엇일까?' 고민하고 또 고민했다. 그러던 중 나는 철새 보호 지역인 간척 농경지 제방을 누구나 제한 없이 차량이나 이륜차로 다니고 있다는 사실을 알게 되었다. 가을부터 겨울까지 6개월 동안 갯벌과 농경지를 오가는 철새들에게는 천국 같은 쉼터인 순천만에 차량과 경운기, 사진작가 등 불청객이 수시로 오가면서 철새들에게 위협을 주고 있었다. 충격과 혼란도 잠시, 머리가 빠르게 움직이기 시작했다.

먼저 외부인의 출입을 통제했다. 그리고 농사철을 제외하고 경운기나 차량, 농업인의 출입도 제한했다. 그러자 주민들은

"우리 땅에 왜 못 들어가게 하냐? 사람보다 새가 중요하냐?"

하면서 매일 항의를 해왔고, 연이어 고성이 오가는 다툼이 이어졌다. 그

러나 나는 뜻을 굽히지 않고 계속 설득했다. 설득하는 것 외에는 딱히 할 수 있는 일도 없었다.

여기서 중요한 것은 설득의 기술이었다. 누군가를 설득하는 것은 상대방의 생각과 가치를 변화시키는 일이다. 그러기 위해서는 상대방이 알고 있는 것보다 더 많은 지식과 이해가 필요한 법이다. 나는 주민들을 설득하기 위해 철새들을 왜 지켜야 하는지, 순천만이 철새들에게 어떤 장소인지, 철새들이 머무는 순천만이 우리 지역에서, 나아가 우리나라에 어떤 의미를 주는지 설명해야 했고, 합당한 근거와 지식이 필요했다. 설득을 성공하고 동시에 일을 추진하는 가장 빠른 길은 두가지였다. 내가 먼저 전문가가 되거나, 전문가의 도움을 받아야 한다는 것. 새삼스럽지만 중요한 본질이었다.

또한, 매일 현장을 걸으며 꼼꼼히 둘러보다 보니 갯벌과 농경지를 가로지르는 약 7km의 하얀 제방이 갯벌과 농경지를 단절시키고 있다는 생각이 문득 들었다. 그래서 나는 하얀 돌로 쌓은 제방에 뻘을 덮는 사업을 시작했다. 제방에 뻘을 덮으면 외관도 보기 좋아지고, 갯벌과 농경지의 단절된 생태계가 연결될 것 같았기 때문에 분명 친환경적일 거라 생각했다. 하지만 일부 환경단체에서는

"공무원들이 환경을 모르고 시작한 사업"

이라면서 시 홈페이지 자유게시판에 비난 글을 올렸다. '아무리 생각해도 친환경적인데 도대체 왜 저럴까?' 도무지 이해되지 않았다. 하지만 내가 전문가가 아니었기에 적절한 대응도 쉽지 않았고, 사례도 없었기에 그저 답답하기만 했다.

대책이 필요했다. 그래서 지역 환경단체와의 소통을 위해 동료들과 함께 환경운동중앙연합이 주최하여 시행하는 '주말반 생태교육'에 참여하기로 했다. 강화도 갯벌에서 서해안을 거쳐 부산 을숙도를 직접 시찰하면서 실행하는 현장 환경교육 프로그램으로 팀원들과 밥을 지어 먹으면서 갯벌과 도요새 등 철새, 지속 가능한 생태환경 조성이 무엇인지 등에 대한 실질적인 교육을 받았다.

교육을 받으면서 느낀 것은 결국 환경을 보존하기 위해서는 지속적인 관리가 중요하다는 것과, 환경단체는 지역의 사업을 반대만 하는 단체가 절대 아니라는 것이다. 나는 우리의 사업을 반대하는 환경단체와 주민들이 우리가 하는 사업 자체를 반대했던 것이 아니라, 순천만의 중요성과 환경문제에 대한 이해가 부족했기 때문이었다는 것을 알게 되었다. 또한 시민의 의견을 무시하는 무분별한 행정 독주에 대한 불만의 다른 표현이라는 것도 교육 후에 알게 되었다. 개인적으로 반성과 더불어 이런저런 생각을 많이 하게 된 시간이었다. 환경 교육을 통해 환경에 대한 학습뿐 아니라, 환경단체에 대한 이해와 시민참여의 중요성에 대해서도 깊이 인식하는 소중한 계기가 되었다. 또한, 환경을 진정 보호하고자 하는 사람이 누구인지, 어떤 사람을 참여시켜야 하는지에 대해 판단할 수 있는 지혜도 얻었다. 나는 곧바로 전문가와 환경 관련 단체가 참여하는 순천만의 지속 가능한 보존과 발전방안에 대한 용역을 의뢰하고 전문가와 환경단체, 그리고 지역주민이 참여하는 위원회를 구성하는 등 전문가와 지역주민, 행정기관이 동시에 순천만을 보존하면서 관리할 수 있는 체계를 갖추어 나갔다.

전문가를 믿고
실행에 옮겨라

'큰 용기는 한 발 내딛는 것부터'라는 말이 있다. 하지만, 환경단체와 지역주민들과 마찰이 생겼을 때 담당자의 얕은 지식만으로는 한 발 내딛기도 쉽지 않다. 공무원들이 전문적인 지식이 없다는 의견에 대해서는 나도 할 말이 많다. 지방공무원은 한자리에 오래 머물면 부정부패가 생길 수 있는 문제를 방지하고자 순환보직을 원칙으로 한다. 순환보직을 하게 되면 부정부패의 발생을 방지하는 장점도 있는 반면, 업무를 이해하고 추진할 때쯤 되면 다른 부서로 이동해야 하기 때문에 전문적인 지식을 쌓기가 매우 힘들다는 단점도 있다.

일반 민원은 하루나 일주일, 한 달 정도면 모두 해결할 수 있지만 중대형 프로젝트나 역점시책은 한 달 만에 끝나는 일들이 거의 없다. 어떤 일은 최소 3년에서 5년 정도 걸리기도 한다. 그런데 1년에서 최장 3년 이내에 반드시 다른 곳으로 이동해야 하는 공무원의 특성상 전문적인 지식을 쌓을 시간이 부족한 것이다. 깊이 들여다보면 공무원의 문제가 아니라 시스템의 문제이다. 그렇기에 단발성인 일은 잘할 수 있을지 몰라도 생태나 문화, 예술 등 전문가적 지식이 필요한 장기적 업무는 추진하기 어려워 모두 피하는 경향이 있다. 이런 일이 반복되다 보니, 지자체마다 문화예술이나 생태환경 등에 대한 사업이 지속적으로 제대로 될 수 없는 실정이다.

전문가에게 기본계획을 의뢰하는 것. 계약서상 용어로 '용역의뢰'는 공무원들이 어떤 사업을 추진할 때 가장 많이 하는 일이다. 공무원이 전 분야에 걸쳐 지식을 가진 것은 아니므로 새로운 일은 당연히 전문가들에게 의존할 수밖에 없다. 하지만 용역발주나 추진과정에서 발생하는 문제점도 있다.

첫째, 전문가에게 일을 맡겼으면 전문가 의견을 전적으로 반영해야 하는데 지자체장이나 공무원이 자신들의 의견을 강요하다 보니 때론 그 결과가 억지로 끼워 맞추어지는 경우가 많다. 내부 의견을 반영할 것이라면 굳이, 왜, 공무원에게 전문가가 필요하겠는가? 둘째, 용역의뢰 당시 공무원과 실제 사업을 추진하는 공무원이 다르다. 순환보직이다 보니 용역을 의뢰한 직원은 일 마무리와 상관없이 다른 부서로 이동해야 하고 나중에 다른 직원이 와서 관련 용역사업을 마무리하게 된다. 용역보고서 내용을 제대로 이해하려면 많은 시간이 필요하지만, 매일 연속되는 민원을 처리하다 보면 물리적으로 학습할 시간이 부족하다. 결국 용역보고서는 케비닛에 들어가는 신세가 된다.

그러나 '순천만의 지속 가능한 발전방안 마련을 위한 용역'을 추진하는 과정과 시행은 시작부터 달랐다. 먼저 우리가 고민한 것은 우리나라에서 갯벌과 해양생태계를 가장 잘 아는 전문 기관을 찾는 것으로 이 일을 잘 할 수밖에 없는 명분 있는 곳이 필요했다. 그러던 중, 우리는 이미 1년 전에 한국관광공사에서 한국해양수산개발원에 의뢰하여 '바닷가 생물 생태관광자원화 방안 연구보고서'를 발표한 사실을 알게 되었다.

이 보고서에 따르면 서남해안 갯벌을 전수 조사한 결과를 바탕으로 '경관감상형'으로 순천의 순천만을, '환경교육형'으로 태안의 바람아래, '생태체험형'으로 서천의 유부도를 선정하고 정부주도 시범사업으로 추진할 것을 계획하고 있었다. 하지만 정부는 부처 간의 의견이 맞지 않고, 예산 문제 등의 이유로 후속 계획을 추진하지 못하고 있었다.

우리는 정부가 '경관감상형'으로 인정한 순천만을 자체적으로 새롭게 용역하고, 가장 먼저 실행에 성공하는 롤모델을 만들어야겠다는 생각을 했다. 한국해양수산개발원이 국가연구기관이기에 신뢰도 있었고, 이곳에 수의계약도 가능하였기에 예산을 확보하여 한국해양수산개발원에 1년간 '순천만의 지속 가능한 발전방안'에 대한 연구용역을 의뢰했다. 용역 기간 동안 지역주민과 환경단체의 의견을 계속 청취했고 외국의 사례가 있는 곳은 환경단체, 지역주민, 언론인, 시의원 등이 합동으로 시찰하고 토론을 했다. 그리고 보고서에 대한 모든 권한과 책임은 용역기관에 맡겼다. 연구 중에 어느 정도 확정된 사업은 국비사업으로 건의하기도 했는데, 국비는 최소한 2년 전에 신청해야 하기 때문이다. 총 7개의 사업이 제안된 용역보고서가 최종 납품되었다. 그리고 우리는 보고서대로 이행했다. 용역보고서대로 이행하는 것과 일부 수정해서 이행하는 것의 차이는 매우 크다.

물론 일을 추진하다 보면 연구 보고서대로 시행하기 어려울 때가 있다. 이 경우 보고서에 있는 사업 중에 추진하기 어려운 것은 제외하고 나머지를 시행한다. 보고서 내용의 80%만 시행해도 작품은 된다고 나는 믿지만, 아쉽게도 대부분 그 이하로 추진하고 이 또한 보고서대로 한 것이 아니다 보니 제대로 된 작품이 나오지 않는다. 문제가 되면 용역 보고서가 잘못되었다고 쉽게 말한다. 하지만 내 생각은 다르다. 임의적이고 취사선택된 보고서 이행은 보고서대로 진행할 때보다 잘못된 결과를 낳을 확률이 더 높다. 추진하기 어렵거나 민원이 있는 사업이라고 제외하고 시행한다면 그것이 어떻게 올바른 작품이 될 수 있겠는가?

보통 사업 설계자는 추진 과정의 문제를 고려하기보다 완성된 작품의 결과를 생각한다. 그러나 사업을 시행할 사람은 추진상의 문제점을 미리 생각해, 설계자의 설계대로 못 하는 경우가 많다. 하지만 순천만의 경우 전문가가 제시한 용역보고서를 그대로 시행했다. 그리고 한 부서에서 용역을 추진한 공무원이 다른 부서로 가지 않고 사업이 완성될 때까지 끝까지 함께했다. 용역을 의뢰한 공무원이나 일을 추진한 공무원이 같아 처음 설계대로 진행되었으며, 철저하게 전문가에게 기본계획을 맡겨 공무원은 계획대로 시행하기만 하였다. 이 과정에서 용역 보고서가 캐비닛으로 들어갈 일은 전혀 없었다.

전국 지자체에서 순천만 복원의 성공사례를 듣고 벤치마킹을 하기 위해 많이 찾아온다. 5분 정도 설명을 듣고 나면 바로 현장으로 향한다. 다들 마음만 급하지 본질을 찾아 개선해보려고 하지 않는다. 일단 시행할 생각만 하고, 왜 계획했고 어떻게 실행했는지 과정에 대한 속내는 들어보려 하지 않는다. 아주 간단히 본질만 전한다면, 가장 중요한 것은 '기본계획은 전문가에게 맡기고, 반드시 계획대로 실행하라' 이다. 이 간단한 해답을 책에서니마 꼭 전하고 싶다.

흑두루미의
눈높이로 보자

'순천만을 새롭게 디자인하라'는 비전 안에서 관광진흥팀은 환경단체와 주민들과의 소통을 위해 많은 노력을 해야 했다. 그리고 전문가의 도움으로 조금씩 순천만을 보존, 발전시키기 위한 근본적이고 본질적인 접근법에 대해서도 고민하기 시작했다.

순천만에는 흑두루미, 기러기, 오리, 노랑부리저어새, 도요새 등 수십 종의 물새와 갈대, 함초, 염생식물, 게, 짱뚱어 등 다양한 동식물이 서식하고 있다. 이 중에는 천연기념물도 있고, 멸종 위기 식물도 있다. 최초로 학계에서 보고되었거나 지금도 계속 연구가 진행 중인 것도 많다.

순천만 인근의 많은 강 하구가 제방으로 막히고 간척되어 오롯이 보존된 하류가 줄어들면, 이렇게 강 하구와 바다가 만나는 지점(기수 구역)이 없어지므로 여기서 살 수 있는 동식물도 사라지게 된다. 생물 다양성이 가장 크다는 기수 구역이 점점 없어진다는 것은 매우 위험한 일인지도 모른다. 특히 어류들은 영양소가 풍부한 이곳에서 주로 산란하는데 산란할 공간이 없어지면 결국 멸종할 수도 있다. 사람에게 필요한 단백질이 풍부한 어류가 멸종하면 결국은 사람에게도 영향을 미치게 된다.

이런저런 사유를 보더라도 강 하구(기수 구역)는 관리가 매우 중요하고 더불어 이렇게 다양한 동식물을 종류별로 보존하는 방법을 강구하기란 결코 쉬운 일이 아니다.

그러다 생각한 것이 가장 먼저 보호해야 할 동식물을 찾아 순천만의 보호종으로 선정하는 것이었다. 흑두루미는 세계에 1만 마리밖에 없다. 시베리아에서 번식하고 일본과 중국, 한국 등에서 겨울을 보내는 철새로 1년 중 6개월을 순천만에서 보낸다. 새 중에서도 가장 예민하고 크기가 커 다칠 위험도 많은 흑두루미를 우리는 순천만의 보호종으로 선정하고, 순천만을 보존하는 방법의 하나로 '흑두루미의 눈높이로 보자'라는 타이틀을 정했다. 흑두루미의 눈으로 봤을 때 시야를 방해하는 것은 제거하고, 흑두루미가 필요로 하는 것은 복원하는 것. 그것이 궁극적으로는 순천만을 보존하는 길이 될 거라고 생각했다.

우리의 기대와 예상은 빗나가지 않았다. 흑두루미를 보호하기 위해 전봇대를 제거하고, 체험선의 속도를 줄이고, 농약을 줄이면서 친환경 농사를 짓고, 논 습지를 만들어 새들의 쉼터를 만들고, 차량 불빛을 막기 위해 농경지 주변으로 울타리를 만들자, 순천만 갯벌이 살아나기 시작했다. 나는 희망을 품게 되었다.

살아난 갯벌 주변으로 어장이 살아나면 동시에 어민들의 수확도 늘어날 것이다. 깨끗한 갯벌에서 자란 어류를 먹은 사람들은 건강해질 것이며, 건강한 사람이 많을수록 사회는 건전해질 것이다. 그리고 건전한 사람이 많은 지역의 문화 수준은 분명히 향상될 것이다. 또한, 국가적인 차원에서 지역 문화 수준이 향상되면 사회적 비용이 줄어들고, 사회적 비용이 줄어들면 국가의 예산이 절감될 것이다. 국가 예산이 절감되어 생산적인 사업에 투입되면 일자리가 늘어나고 일자리가 늘면 경제가 안정되고, 경제가 안정되면 인심이 좋아질 것이다. 인심이 좋으면 신뢰사회가 되고 서로 신뢰하면 행복해질 것이다. 결국, 우리가 추구하는 행복한 삶이란 이렇듯 친환경적인 생활 속에서 이루어지는 것이다.

사람이 먼저이고 동식물이 다음이 아니다. 사람이나 동식물이 모두 같다는 전제하에 서로 보호하고 공존하는 친환경적인 삶이 중요하다. 그래서 모두가 순환하는 시스템이 중요하다. 눈높이를 자연에 맞추면 결국 그 혜택을 받는 것은 인간이다. 그것이 내가 흑두루미의 눈높이로 세상을 보는 이유이다.

철새와 갯벌을 위해
체험선도 바꾸다

'순천만을 새롭게 디자인하라'는 임무를 받기 전 이미 순천만은 남해안 관광벨트 사업으로 순천만 생태관광을 추진하고 있는 상태였고 그 일환으로 생태관을 건립하고 갈대밭을 거닐 수 있는 데크를 설치했다. 그리고 어선 형태의 배를 건조하여 관광객을 상대로 갯벌을 체험할 수 있도록 했다. 처음 도입하는 것이라 대대 어촌계^(순천 대대동 어촌계)에 일부 보조사업으로 배를 건조해서 운영하도록 했다.

초창기는 주민들의 헌신으로 순조롭게 운영되었다. 순천만 갯벌 탐조가 처음 시작될 때 이분들이 자원봉사로 해설사 역할을 맡기도 했다. 하지만 순천만을 '새롭게 디자인'하려다 보니 이게 문제가 되었다. 관광객이 늘어나면서 운행속도가 빨라지고 그로 인한 너울로 갯벌이 훼손되었다. 또한, 스피커를 통해 나오는 소리로 새들이 놀라는 일이 발생했고, 그에 따른 민원이 이어졌다. 우리는 전문가에게 의견을 물었고, 전문가들은 어선 형태의 탐조선은 적절하지 않으니 갯벌 훼손방지와 철새보호를 위한 차원으로 새로운 대안이 필요하다는 결론을 내렸다.

고심 끝에 순천만을 운행하는 민간 탐조선에 대한 보상계획이 세워지고 국비도 확보했지만, 보상 절차는 쉽지 않았다. 주민들의 생계수단인 탐조선, 그 평생 가치를 계산해서 보상한다는 것 자체가 어렵고 난감하기만 했다. 3년간에 걸친 긴 설득 끝에 보상 협의는 이루어졌다. 그리고 새로운 탐조선으로 개선 운영을 시작했다.

새로운 탐조선은 운행속도를 7노트 이하로 낮춰 너울로 인한 갯벌 훼손을 줄였고, 해설 서비스를 마이크가 아닌 개별 이어폰으로 교체하고 선실 밖으로 사람들이 나가는 것 또한 통제하여 새들이 놀라는 것을 막았다. 썰물이 심해서 바닷물이 빠지는 날이면 운행을 하지 않는다는 원칙까지 세우는 등 철저하게 순천만 보존을 목적을 내세워 시에서 직접 운영하며 관리했다.

현재 순천만에는 3대의 탐조선이 운행되고 있다. 탐조선이 지나가도 흑두루미나 새들이 달아나지 않는다. 이제 순천만은 갯벌과 철새들을 가장 가깝게 관찰할 수 있으면서도 갯벌도 보존할 수 있게 된 것이다. 하지만, 지금도 가장 애석하게 생각하는 부분은 갯벌을 보호한다는 명목으로 주민들의 생계수단이었던 민간의 탐조선 운행을 제한하고 보상했던 일이다. 현행법에 따르다 보니 그분들에게는 충분한 보상이 되지 못했을 수도 있다. 순천만의 생태관광을 위해 협력해왔는데 어느 날 순천만 관리와 맞지 않는다는 이유로 보상을 선택할 수밖에 없었던 그분들의 일은 내 마음속에 두고두고 가장 아픈 상처로 남아있다.

사람보다 철새가 더 중요한가?

순천만의 흑두루미들은 이동을 시작하는 10월에는 순천만 갯벌에서 먹이활동을 하다가 겨울이 되어 먹이가 적어지면 간척농지가 있는 인근 별량면이나 해룡면 들판으로 옮겨 먹이활동을 한다. 하지만, 2006년 당시 순천만 인근의 간척농지는 흑두루미들이 먹이활동을 하기에는 매우 열악한 환경이었다.

농민들은 넓은 농경지에 부족한 물을 공급하기 위해 전기 모터로 물을 끌어올렸고 이 과정에서 곳곳에 전신주들이 설치되었다. 곤충을 막기 위해 사용했던 농약병들은 그대로 농경지 주변에 방치되기 일쑤였다. 그러다 보니 매년 흑두루미가 농약을 마시고 죽거나 전깃줄에 걸려 다치는 경우가 자주 발생했다. 또한, 농사가 쉬는 겨울철에도 농경지에 사람들이 다니거나, 사진 촬영하는 사람들이 가까이 다가가는 경우가 많아서 흑두루미들이 안전하게 먹이활동을 할 수 있는 곳은 갈수록 줄어드는 상황이었다.

물론 농업인이 벼 수확량을 늘리는 일과 사진 활동가들의 취미 생활도 중요하지만, 흑두루미를 보존하는 차원에서 생각하면 모두가 개선해야 할 문제들이었다. 어느 날, 노관규 전 순천시장이 현장에 와서 이곳저곳을 시찰했고 나는 흑두루미 보존에 문제가 되는 부분에 대해 설명하였다. 시장이

"그럼, 들판의 전봇대를 철거할 수는 없어요?"

라고 물었을 때 나는 무심코

"전봇대를 철거하겠습니다."

라고 즉답해 버리고 말았다. 그리고 실행을 위해 전봇대 철거에 필요한 약 90헥타르의 면적을 조사했더니 282개의 전봇대와 12,000미터의 전깃줄을 없애야 했다. 무엇보다 전봇대를 제거하려면 한전의 협조가 가장 중요했다.

한국전력 순천지점을 방문하여 문제를 설명하고 협조를 부탁했다. 하지만 담당자들은 처음부터 난색을 보였다. 실무적으로 어려울 것을 직감한 나는 지점장을 찾아 갔지만 지점장은 더 완강하게 거부했다. 현장에서 직접 상황을 보고 결정해 달라 사정했다. 그리고 얼마 후 나는 지점장과 관계 직원들과 함께 순천만 들판 현장을 찾았다. 지점장은 신문기사를 펼치면서 자체 감사 지적사항을 설명했지만, 내가 읽어본 바로는 우리 사례와는 다른 내용이었다. 어느 순간 들판에서는 기관 간의 협의가 아닌 고성이 오가면서 대판 싸움이 일어났다. 화가 잔뜩 난 한국전력 측은

"전봇대는 한전 재산이므로 한 주도 손대지 말라."

는 엄포만 놓고 가버렸다. 상황이 너무도 허무하게 종료된 느낌이었고, 이렇게 기관끼리도 협조가 안 되는데 농업인, 주민들과의 협력은 더 어렵겠다는 직감이 들었다. 전봇대 철거를 쉽게 생각하고 시장이 지시할 때 즉답했던 것이 후회되기도 했지만, 조직에서 상관의 지시를 이유 없이 거부할 수는 없는 것 아닌가. 그래서 기회가 있을 때마다 후배들에게

"지시받은 사람은 지시사항을 잊어버리지지만,
 지시한 사람은 다 기억한다."

라는 말을 자주 하며, '상관의 지시는 긍정적으로 받아들여 즉시 이행계획서를 제출하고, 추가 지시를 받아 실행해야 한다.'고 강조해왔다. 나부터 실천해야 한다는 생각으로 전봇대 철거 문제를 어떻게 해결할지 고민을 계속했지만, 고민이 해결되기도 전에 또 다른 난관이 기다리고 있었다. 흑두루미를 위해 전봇대를 제거한다는 소문이 돌자 주민들은 이구동성으로

"사람이 중요하냐? 새가 중요하냐?
 사람도 살기 힘든데 새를 위해 전봇대를
 철거한다는 발상이 누구 발상이냐?"

면서 불만이 계속 늘어났다. 원성이 높아갈수록 나는 '다른 방법은 정말 어디에도 없을까?' 생각에 생각을 거듭했다. 그때 문득 충북 괴산군에서 농경지에 흑벼를 이용하여 대지 아트를 한 신문기사를 보았던 것이 생각났다. 순천만 들판에 관광객 유치를 위한 경관디자인을 해야 한다는 명목이라면, 분명 불필요한 전봇대를 철거할 수 있을 거라는 생각이 들었다. 명분이야 어떻든 중요한 건 흑두루미를 위해 전봇대를 없애면 되는 것이었다.

'적을 알고 나를 알면 승리한다.'는 말이 있다. 한전법을 연구해보니, 공공사업을 위해 전체 전봇대를 제거하려면 협의가 필요하지만, 개인이 일부 전봇대가 필요 없어 제거 신청을 하면 한전은 다음날 철거하게 되어 있었다. 이렇게 만반의 준비를 하면서 나는 기존에 한전을 설득하여 전봇대를 철거하려던 방안에서 '순천만 경관디자인을 통한 친환경 농법'을 진행하기로 계획을 수정하였다. 그리고 해당 농업인 90여 명을 시에 초청하여 설명회를 했는데 담당 직원의 설명이 끝나고 더 좋은 방법을 토의하기 위한 대화의 시간이 이어졌다. 대화가 시작되자마자 앞에 앉아 있는 두 사람이 이동식 탁자를 번쩍 들어 내리치더니

"행정에서 하는 일은 꼭 **같은 일만 한다.
당신들 땅이냐? 어디 한번 해보려면 해보라."

면서 손짓과 발짓을 하는 등 참석자들을 동요하게 했다.

"이런 설명을 우리가 왜 들어야 하냐?"

면서 고성이 오갔고 회의장은 순식간에 아수라장으로 변했다. 한숨이 절로 나왔다. 여러 가지로 제약을 받고 있는 것에 순간적인 화를 못 이긴 것도 이해되었고, 인간은 술을 먹은 상태에서 3배의 용기가 난다고 하니, 점심때 한잔한 막걸리로 용기가 솟구치는 것도 이해는 되었다.

사실, 회의 시간이 좋지 않았다. 특히, 농민들에게 민감한 사안에 대해 의견을 나눌 때는 아직 약주를 먹지 않은 상태의 이른 시간, 오후보다는 오전일수록 좋다.

이런 사태가 일어날 것을 사전에 예상하지 못했기에 당황스러움과 아쉬운 감정이 뒤섞였지만, 뒤로 물러설 수는 없었다. 자료를 보강해서 주민들을 다시 만났다. 그러나 이견은 좀처럼 좁혀지지 않았다. 그래서 극구 반대한 사람과 긍정적인 사람들을 따로 만나 설득했다. 다시 회의 날짜를 잡았다. 이번에는 오전에 했다. 첫날 극구 반대한 사람들이 좋은 일이니 해보자며, 매우 긍정적으로 돌아섰다. 한시름 덜었으나 여전히 중요한 문제는 전봇대 철거를 위한 한전과의 일이었는데, 이 문제에 대해서 농민들이 한전에 전봇대 철거를 요청하는 민원을 개별로 제출하기로 했다.

또한, 친환경 농업을 해야 하기 때문에 농민들은 모내기까지만 하고 그 후부터는 시가 운영하는 영농단에서 양수기로 물을 공급하고, 전체 논을 관리하고 수확하는 시스템을 제공하기로 협의했다. 농약이나 제초제를 일절 사용하지 않고 친환경 약제만 사용했다. 자연스레 친환경에서 재배된 쌀이 생산되었다. 행정에서 농가별로 1헥타르당 쌀 5가마 기준 현금을 지급하고 수확된 쌀은 시에서 관리하였다. 그리고 보관한 쌀을 겨울철 흑두루미 먹이로 공급하기로 했다. 흑두루미가 먹고 남은 벼는 도정을 하여 흑두루미 쌀로 다시 판매하고, 수익금은 흑두루미 보존 활동에 사용하기로 했다.

'순천만 전봇대 282개, 흑두루미를 위해 철거한다.'라는 내용이 환경부에 보고되었다. '사람을 위해 전봇대를 철거한 사례는 있지만, 새들을 위해 전봇대를 철거한 것은 세계 최초의 사례'라고 환경부 출입 기자단이 합동 취재를 기획했다. 우리나라 방송사와 신문사 기자 약 30명이 일시에 취재하면서 전국에 흑두루미와 사람이 공존하는 이야기가 알려졌다.

여러 단체를 비롯해 생태를 보존하자는 이야기는 끊임없이 나오지만, 막상 사유재산이 보장되는 자본주의 사회에서는 매우 어려운 일이다. 그렇기에 사람과 자연, 동물이 공생하는 방안과 균형점이 어디인지를 찾는 것이 중요하다. 그러나 현실에 직면하다 보면 자기주장만 앞서게 되어, 실제 진행 과정은 너무나 어려울 수밖에 없다. 먼저 서로 돕는다는 생각이 밑바탕에 깔려야 한다. 새를 위해, 자연을 위해 사람은 무조건 피해를 감수해야 한다는 생각도 위험하다. 입장에 따라 모두의 말이 옳더라도 반 발씩 뒤로 물러서는 지혜가 필요하다. 이러한 기본이 바탕이 될 때 비로소 자연과 인간의 조화가 이루어진다.

생태와 경관을 동시에 지키자

순천만 주변 지역을 생태계 보존지역으로 지정하기 위해서는 도시계획을 통한 법적인 절차가 필요했는데, 관련 절차는 도시과에서 담당했다. 우리 시의 가장 큰 현안사업이었기에 도시과에 순천만 보존 필요성을 제기하면서 순천만 주변에 생태계 보존지역 지정을 요청하자 도시과에서도 흔쾌히 협력하기로 했다. 협업 회의는 처음에는 순조롭게 진행되는 듯했지만 바로 문제가 발생했다. 세 번째 회의부터 도시과에서 참여를 거부했다. 이 지역을 생태계보전 지역으로 지정하려면 너무 큰 민원이 발생하므로 더는 추진이 어렵다는 것이다. 수차례 사정해 보았지만, 설득은 한계가 있었고, 서로 난감해지는 상황에 각각의 이유는 더 확실해져만 갔다. 어렵다는 것을 감지했다. 그렇다고 이를 상급자에게 보고하여 처리하고 싶지는 않았다. 부서 간 불협화음을 보여주고 싶지 않았기에 할 수 있던 방법은 관광과에서 한꺼번에 처리하는 방법밖에 없었다. 당시 관광과 직원들도 순천만의 중요성을 나보다 더 잘 알기에 그렇게 하자고 했다.

순천만 주변 900만 제곱미터에 대한 생태계 보존지역 지정계획서를 도시과에서 추진해야 하지만 관광과에서 시장 결재를 받아 공람공고 등 법적 절차를 진행했다. 약 1년간 임시제한 지역으로 지정된 곳에서 발생되는 모든 민원을 도맡아 처리하기로 했다. 그러다 보니 순천만 주변 도사동, 해룡면, 별량면 일대 주민들이 이곳의 농경지에 건축하기 위해 개발행위허가를 허가민원과에 신청하면 우리 과에 가능 여부를 협의했다.

"임시 제한지역이므로 개발할 수 없습니다."

협의 결과 이렇게 회신을 보내야 하는 경우가 되면, 허가 불가 민원서류를 받은 민원인들은 바로 우리 과를 찾아왔다.

"내 땅에 왜 내가 개발을 못 하느냐? 어느 나라 법이냐?
 누구 맘대로 이런 짓을 하느냐?"

등의 탄원이 매일 이어졌다. 사무실에서는 매일 고성이 오갔다. 습지 보존을 위한 결정이니 양해해달라고 부탁했지만, 그것은 관청의 생각일 뿐 한 개인에겐 크나큰 문제라는 민원인의 말도 백번 이해가 되었다. 어느 날은 민원인에게 잡혀가 욕설에 시달리고 폭행을 당하기도 했다. 이러한 날들이 연일 계속되고, 아무리 설명을 해도 이해 못 하는 주민은 행정심판으로, 행정소송으로 이어졌다. 이러한 나날이 연속되고 일 년 후에 감사원으로부터 민원감사가 나왔다. 감사 첫날 팀장이 감사를 받고 얼굴이 창백해져서 왔다. 큰일 났다는 것이다. 내가 가서 사정하겠다고 나섰다. '감사관에게 사실을 말하면 이해하겠지.' 하고 갔다. 의자에 앉자마자

"당신은 한 건도 아니고 72건의 개발 허가서를 반려했다.
 무 자르듯 행정을 했으니 응당한 처벌을 받아야 한다.
 일을 이렇게 해놓고 무슨 변명이냐?"

면서 한마디 말도 못 하게 했다. 약 1시간 동안 자초지종을 얘기해도 듣는 척도 안 했다. 그렇게 한참을 듣고 나서야

"그렇다면 그동안 경위를 서면으로 작성해서 제출하라."

고 했다. 어안이 벙벙했다.

2007년 순천만 생태관광을 활성화하라는 사명을 받고 관광과 과장으로 부임한 이후, 날이 갈수록 낭떠러지에 서 있는 기분이 들어서 남이섬의 강우현 대표를 만나러 간 적이 있었다. 당시는 일면식도 없었지만 단돈 1원을 받고 버려진 남이섬을 우리나라를 대표하는 관광지로 탈바꿈시킨 인터뷰 기사만 보고 연락 후 주말을 이용해 찾아갔다. 강 대표는 나를 안내하면서도 곳곳에서 안내나 시설을 점검하는 직원들을 격려하고 시범을 보이고, 중간에 언론인과 인터뷰도 하는 등 눈코 뜰 새 없이 바쁜 하루를 보냈다. 강 대표는 그동안의 성공 사례, 실패 사례, 행정기관의 비협조 사례 등 많은 것을 체험적으로 알려주었다. 해가 저물 때쯤 부둣가에서 인사를 하고 헤어지려는 순간이었다.

"어이, 최 과장 이리 좀 와 봐."

나는 다시 강우현 대표에게 갔다.

"아무리 일을 하고 싶어 미치겠더라도
중간에 그만둘 일이라면 하지 마소."

이 말을 하면서 어서 가라고 했다.

감사를 받을 때 '당신은 그만둘 정도의 잘못을 했다.'라는 느낌을 주었기에 번득 그때 강우현 대표가 마지막에 불러놓고 하던 말이 머리를 스쳤다. 그날부터 감사 기간 중에 잠이 오지 않았다. 무슨 일을 해도 '내가 그만둘 일을 했구나!' 하는 생각만 머리를 맴돌았다. 감사관에게 사유서를 넘겼지만, 일주일이 지나도 찾지를 않았다. 그때 얼마나 힘들었던지 꼼짝하지 않고 주말을 집에서 뒹굴었던 기억이 지금도 생생하다. 감사가 끝나기 하루 전 날 감사관은 순천만 현장을 가보자고 했다. 그동안 추진해 왔던 순천만 보존 활동에 대한 설명을 열을 내서 했다. 설명을 다 듣고 현장도 세밀하게 살피고 난 후,

"이 건은 너무 적게 생각한 것 같다. 안 본 것으로 하자."

라고 했다. 정말 가슴이 내려앉았다.

돌이켜 보면 순천만 주변 900만 제곱미터를 생태계 보존지역으로 지정하면서 공직자들에게도, 주변 지역주민들에게도 수없이 원망을 들었다. 그러나 순천만을 찾는 관광객이 용산 전망대에서 탁 트인 갯벌과 주변을 보면서 한없이 감탄한다. 어떤 블로그에는 '이렇게 훌륭한 자연을 볼 수 있는 것에 감사의 눈물을 흘린다.'라고 말하는 것을 볼 때마다 나를 힘들게 했던 그 수많은 원망의 말들이 사르르 눈 녹듯 사라지는 것을 느낀다. 이제는 초중고 사회 교과서 등 6개의 교과서에 우리나라에서 가장 철새들이 많이 찾는 곳이 주남저수지가 아니라 순천만으로 소개된다. 아시아 경관대상을 받기도 하고 세계 생태관광지 100선에 들기도 한다. 나는 생각한다. 먼 훗날 순천만의 가치를 인정받을 때 바로 '순천만 생태계 보존지역 지정 사업'이 중요한 몫을 할 것이라고…

순천만을 보존하기 위한 일련의 사건들을 겪으면서 정말 많은 생각과 고민을 했다. 그럼에도 나는 나만의 두 가지 원칙만은 항상 머리에 담고 있었다. 그것은 첫째, 순천만의 효율적 보존만이 순천만 생태관광을 활성화할 수 있다는 것과 둘째, 개발을 지향하는 순천만 주변 주민들의 이해와 협력, 그리고 그들의 수익 보장이 동시에 이루어져야 비로소 진정한 순천만 보존이 가능하다는 것이다. 이 두 가지 원칙을 조화하기란 매우 어려웠던 것이 사실이지만, 일을 계획하고 추진할 때마다 이 원칙들을 항상 생각하면서 기획했다.

순천만이 훼손되면 철새들은 오지 않는다. 철새들이 오지 않으면 관광객도 오지 않는다. 관광객이 오지 않으면 주변은 물론 도심의 지역경제까지도 당장 문제가 발생한다. 그렇기 때문에 순천만 보존이 필수인 것이다. 하지만 그러다 보면 누군가 본의 아닌 피해를 볼 수밖에 없다. 그래서 이에 대한 보상을 마련하는 데 노력했다. 보상비를 위한 국비도 반드시 확보했다.

그다음은 주변 주민의 협력과 수익 보장이다. 주변 주민의 수익을 보장하는 데 가장 중요한 것은 특정인을 위한 협력과 수익 보장을 지양하는 것이다. 순천만의 생태관광의 범위를 넓히고 수익을 확대하여 고루 혜택이 가는 것이 중요했다. 그래서 주민들이 주도적으로 갈대 베기를 하도록 추진했다. 또한 철새 쉼터와 영농 관리도 외부업체에 맡기지 않고 반드시 주변 주민들이 참여하도록 했다.

행정에서 주민들의 협력 사업을 추진할 때 실패하는 경우가 많다. 이 경우 대부분 주민이 원하는 것에만 초점을 맞추는데 주민은 공익에 맞추기보다 개인의 수익이 보장되는 것을 원한다. 처음에는 사업이 순조롭게 추진되지만 시간이 지날수록 자본이 불투명해 오래가기가 어려워진다. 주민협력 사업은 우선 주민이 잘할 수 있는 것을 찾아보고, 사익보다는 공익에 우선하는 사업으로 접근하며, 상호 협력의 자세가 필요하다.

생태관광의
기준을 따르자

2009년 순천만은 상전벽해라 할 만큼 변화하기 시작했다. 처음 순천만 생태관광을 시작할 당시는 연간 20만 명에 불과하던 관광객이 3년 사이에 300만 명으로 증가했다. 물론 여러 가지 이유가 있다. 일부에서는 하늘이 내려준 자연, 순천만이 가진 특별한 자원 때문이라고들 하지만, 과연 특별한 자원만으로 이렇게 놀라운 결과를 도출할 수 있었을까? 알다시피 순천만이 알려지기 전까지는 서해안의 유부도나 창녕군의 우포늪, 그리고 주남저수지가 더 유명했다. 그러나 지금은 대한민국의 생태관광지하면 순천만이 가장 먼저 떠오른다. 유부도나 주남저수지도 그대로 있지만, 왜 순천만이 우리나라 생태관광 1번지로 알려졌을까? 나는 자원도 중요하지만, 더 중요한 것은 바로 창조적인 복원과 보존 그리고 지속적인 관리라고 생각한다.

창조적인 복원과 보존 그리고 지속적인 관리!

내가 생각하는 순천만이 괄목할만한 성장을 하게 된 이유에는 크게 3가지가 있다.

첫째, 생태관광 트랜드의 변화를 읽었다. 당시 우리나라 관광형태는 문화유적 관광, 집단 관광이 주를 이루었을 때였다. 그러나 세계적으로 문화유적 관광은 계속 줄어들고 생태관광객은 연간 30% 이상 늘어나는 추세였다. 우리는 이러한 시대의 변화를 읽고 미래변화에 맞추어 순천만을 생태적으로 복원했다. 특별한 자원은 보존할 수 있도록 유지하고, 훼손된 자원은 복원하는 과정을 지속 추진했다.

둘째, 생태와 관광의 조화다. 생태관광의 목적은 자연 그대로 보존된 생태를 보여줌으로써 힐링과 자연의 위대함에 감동하게 하는 것이다. 자연 그대로의 생태를 보존하기 위해선 최대한 사람들의 손을 타서는 안 된다. 하지만 관광이라는 것 자체가 사람에 의해 이루어지는 것이기 때문에 생태와 관광의 조화를 이룬다는 것이 말처럼 쉬운 일은 아니다. 어느 한쪽으로 치우치다 보면, 결국 둘 다 잃게 되기 때문이다. 나는 환경 전문직이 아니고, 문화 관광 분야에 장기간 근무했기 때문에 순천만 생태관광 사업을 생태보단 관광에 더 중점을 두고 추진한 것이 사실이다. 그러나 생태관광의 핵심은 특화된 자원이라는 사실을 단 한 번도 잊은 적이 없었기에 생태자원의 보존이 먼저이고 이를 조화하도록 노력했다.

셋째, 지속 가능한 관리다. 생태보존에는 지속 가능한 관리가 가장 중요하다. 관리에는 미래에 대한 철저한 계획수립과 그것을 실행하기 위한 자본이 필요하고, 또한, 그것을 수용하고 받아들이는 당사자들 간의 이해가 매우 중요하다.

보존할 자원이 모두 국유나 공유지일 때는 당사자들 간의 이해는 큰 문제가 되지 않는다. 그러나 순천만은 갯벌을 제외하면 모두 사유지다. 갯벌을 보호하기 위해서는 주변 환경이 중요하기에 '사유지를 어떻게 제한할 것인가?', '어떻게 해야 당사자들 간의 피해를 최소화할 수 있을까?' 하는 고민은 매우 중요하며, 이런 과정을 거치는데 많은 시간과 전략, 비용이 필요하다. 그러므로 이러한 보존에는 반드시 어느 정도의 자본이 불가피하다.

생태관광사업은 산업화나 개발 속도가 느린, 한 마디로 지자체의 재정이 열악한 곳에서 많이 하는 사업이다. 그런데 재정이 열악한 지자체의 주민들은 우선 자기 집 앞 도로포장과 농로개설이 더 중요하다고 생각한다. 농로를 개설하고, 도로를 포장할 비용으로 생태계를 보전하자고 하면 반발부터 할 수밖에 없고, 따라서 생태보전을 통한 생태관광을 추진하기가 매우 어려운 것이다. 그래서 나는 순천만 사업은 반드시 국비를 확보하고, 이곳에서 수익이 발생하는 생태관광을 해야 한다는 생각을 하게 되었다.

예를 들어보자. 무안 생태갯벌센터는 해양수산부에서 지원하여 건립한 생태관이다. 순천만 생태관은 문화관광부에서 지원한 시설물이다. 무안 갯벌센터는 수산과에서 관리한다. 순천만 생태관은 관광과에서 관리한다. 그 당시 무안 갯벌센터는 관광객이 거의 없었다. 그래서 감사원에서는 향후 갯벌센터 사업을 모두 중지하라는 감사 결과를 발표한 적도 있다. 그러나 순천만은 어떤가? 순천만 생태관은 연간 100만 명 목표로 건립했는데 300만 명이 찾다 보니 확장 건립해야 하는 문제가 발생할 정도였다.

그렇다면 왜 똑같은 연안 습지를 관리하는 생태관인데 무안 갯벌센터와 순천만 생태관은 이렇게 차이가 나는 걸까? 우선, 관리 계획의 문제이다. 무안은 관리에 중점을 두었지 지속 가능한 관리를 위한 생태관광요소가 배제된 것이다. 그러나 순천만은 관리와 이용을 동시에 고려했다. 생태자원은 관리에 필요한 자본이 많이 소요되므로 이를 이용하는 사람들은 일정한 비용을 지불해야 하고, 그 비용으로 지속 가능한 보존을 하는 데 쓴다. 이처럼 생태관광의 본질을 찾고 이에 맞는 이용 계획과 실행을 하는 것이 매우 중요하다. 이렇듯, 하나의 생태관광지 탄생에는 미래에 대한 예측(미래 관광 형태의 변화), 자원의 복원과 공간의 조화(생태관광자원의 복원과 유지), 그리고 지속 가능한 관리 계획과 사회 환경적 제약요소의 해결방안을 찾는 등 끊임없는 노력이 필요하다.

위기를 넘어
위대한 일을 하자

순천만을 찾는 관광객이 3년 사이 갑자기 늘어나자 주차장은 부족했고, 수요를 맞추려다보니 주변에서는 난개발이 이루어졌다. 그러나 도심에 사는 시민들은 순천만에 연간 300만 명이 온들 도심 상권과는 무관하다며 아우성이었고, 주변에서 살고 있는 주민은 차량 행렬 때문에 경운기 운행을 못해 농사를 지을 수 없다고 불평이었다. 전문가들은 이런 현상이 계속되면 차량의 매연으로 순천만 생태가 파괴된다면서 생태관을 5킬로미터 후방으로 이전할 것을 요구했다.

순천만을 보존하고 이를 전 국민에게 알려서 생태관광 모델로 조성하겠다는 계획에 차질이 생겼다. 순천만을 보존하는 것이 아니라 훼손하는 결과를 가져왔고, 시민들은 경제에 도움이 되지 않는 사업을 왜 하는지 모르겠다며 불평만 늘어나게 되었다. 미래세대를 위해 사유재산의 제약을 이해하자고 외쳤건만 오히려 자원을 망친다는 결과를 초래하는 장본인이 되어버린 것이다. 연일 북새통을 이루는 관광객의 민원 해결도 어려운데 전체적인 계획을 변경하고 실행해야 하는 난관에 봉착하게 되었다.

당시 생태관은 건립한 지 4년밖에 되지 않은 시설이라 새로 조성한다는 것은 말이 안 되었다. 모든 직원이 연일 풀가동되어 주차관리를 했지만 해소될 기미는 보이지 않았다. 10월 성수기 주말이면 시내까지 차량 행렬이 이어져 교통이 마비되는 상황이 초래되었다. 전체 직원들까지 지원받아 운영해도 민원은 계속되었다. 이대로는 도저히 감당할 수 없었다. 주변 농경지를 계속 매입하여 주차장을 늘려도 부족한 것은 마찬가지였다.

결국, 전문가들이 제안한 순천만 생태관을 도심 주변으로 이전하는 계획을 검토하게 되었다. 순천만에서 문학관까지는 약 1.5킬로미터이고, 맑은물센터(하수처리장)까지는 약 4킬로미터, 현재의 국제습지센터까지는 약 5.5킬로미터였다. 처음 우리는 상황이 이렇게 된 이상 그럼 가장 가깝고, 가능성이 높은 문학관으로 생태관을 이전하겠다고 말했다. 하지만 전문가들은 도심 가까운 곳으로 이전하는 것이 생태도 보존하고 지역의 상권도 활성화할 수 있다면서 현재의 국제습지센터로 이전할 것을 요구했다. 하지만 당시에는 그곳으로 이전한다는 것은 상상할 수도 없는 일이었다. 문화관광부에서도 건립한 지 얼마 안 된 생태관이 있는데 새로 건립한다는 것은 예산 지원이 어렵다고 했다.

사면초가였다. 우리는 그럼 중간 지점에 있는 맑은물센터로 이전하겠다는 제안을 내놓았다. 그곳은 여유 부지도 있고, 하수처리장 또한 환경시설이므로 연계하는 것이 바람직하다고 생각한 것이다. 전문가에게 검토를 의뢰하니, 전문적인 견해는 국제습지센터로 옮기는 것이 최적이나 행정의 어려움을 고려해 주겠다고 하였다. 맑은물센터로 어느 정도 확정하고 관리부서인 맑은물센터와 협의를 시작했으나 대답은 '절대 불가'였다.

현재의 여유 부지는 하수고도처리를 위한 부지이지 이러한 시설물이 들어설 수 없다는 견해였다. 시장을 비롯한 전 간부 공무원이 참여한 현장

회의도 개최했다. 그러나 결국 불가하다는 결론을 얻었고 다시 추진한 것이 현재의 국제습지센터이다. 국제습지센터의 부지도 물론 논란이 많았다. 순천 지명 700주년 기념사업 추진을 검토한 지역이기 때문이다. 여러 논란 끝에 기념사업으로 전망대 건립 등이 검토되었으나 순천만을 보존하기 위한 '순천만국제습지센터'를 조성하는 것도 의미가 있겠다는 생각으로 재검토되었다. 하지만 더 큰 문제는 기본계획을 수립한 결과 약 450억 원이 소요되는 예산이었다.

"순천만과 너무 멀다."
"순천 지명 기념사업이 맞느냐?"

등의 여론이 있었으나 당장 추진해야 하는 실무과장의 고민은 예산을 어떻게 확보하느냐였다. 갈수록 태산이요, 난공불락의 성을 마주하고 있는 느낌이 들었다.

순천만이 전국에 알려지자 정부부처의 고위직이나 국회의원 등의 방문이 이어졌다. 한 번은 문화체육관광위원이던 강원도 출신 국회의원이 가족과 함께 순천만을 방문했는데, 인산인해인 관광객을 보고 놀란 듯

"어쩌다 이렇게 되었는가?"

하고 물었다. 나는 이렇게 된 사연을 설명하고 습지센터를 이전해야 하는데 예산이 없어서 못 하고 있다고 하소연을 했다. 그리고 전국구 호남출신 국회의원에게도 사업의 필요성을 설명했더니 본인이 적극 나서겠다는 확답을 얻었다. 당시 국회에서 2009년 예산을 심의하는 회의가 열리는 중이었다. 그런데 순천만 습지센터 사업비는 문화관광부 예산에 편성을 못 하여 국회에 제출된 정부 예산서에 없었다. 반영하려면 국회

예산심의 과정에 증액해야만 가능한 일이었다. 낙타가 바늘구멍을 들어가는 것보다 어려운 문제였다.

그러나 전액을 시예산으로 한다는 것은 불가능하기에 오는 사람마다 사정을 했고, 정부에도 수시로 다니면서 설명을 했다. 국회 문화관광위원회가 개최되는 날 인터넷으로 중계방송을 보았다. 그 당시 순천만을 방문했던 국회의원들이 문화관광부 장관에게 강하게 요구했다.

"순천만은 가보았느냐?
순천만이 관광객이 많아 문제가 발생하고 있는데
어떻게 대안이 없느냐? 여수엑스포가 열리는데
그 이전에 완공하려면 당장 내년 예산이 필요한데 어쩔 것이냐?"

등의 필요성을 강하게 요구했다. 어떤 의원은 왜 순천만에만 지원이 되어야 하느냐면서 반대 의견을 낸 의원도 있었다. 정말 숨 가쁜 시간의 연속이었다.

그런데 국회에서 예산을 증액하려면 기획재정부와 문화관광부 장관의 동의가 필요했다. 문화관광부 장관과 시장의 만남을 주선했다. 국회에서 증액을 요구하면 동의해줄 것을 사전에 양해를 구하기 위해 필요한 자리였다. 여러 통로를 통해 사정을 하여 어느 날 저녁 시간 때 약속을 잡았다. 시장의 행사 스케줄을 뺄 수 없었으나 이보다 더 중요한 일이 없다면서 스케줄을 잡았다. 오후에 항공기로 김포공항에 도착하여 약속 장소로 이동하였다. 이동하면서 장관 보좌관에게 확인 전화를 하였다. 갑자기 청와대 회의가 있어서 문화관광부 장관을 만나기 어렵다는 것이다.

그 순간이 지금도 생생하게 기억된다. 아무 생각 없이 달리는 차량 문을 열고 뛰어내리고 싶었다. 바쁜 일정을 취소하고 어렵게 시간을 허락한 시장에게 면목이 없어서이다. 사실을 시장에게 알렸다. 이후 한마디 말없이 숙소로 직행했다. 저녁을 먹는데 옛날 어머니가 집안일로 속이 상하면 하시던 '밥알이 모래알 같다.'는 말씀이 생각나는 심정이었다.

밥을 먹는 둥 마는 둥 보좌관에게 계속 전화를 했지만 연락이 두절되었다. 저녁 10시쯤 어렵게 연락이 되었다. 청와대 회의가 이제 끝났다면서 미안하다고 했다. 그러면서 내일 아침 출근길에 청사 옆 죽집에서 만나자고 했다. 그나마 천만다행이었다. 다음 날 아침 4명이 죽집에서 만나 사정을 하고 일정 부분 공감을 하는 시간을 가졌다. 정말 숨 막히는 1박 2일 출장길이었다. 그 뒤로도 국회에서 정부부처예산을 심의하면서 자료를 계속 요구했다. 한 번은 새벽에 나서 고속버스 첫차로 서울 출장길에 올랐다. 문화관광부 등에서 사업설명을 하고 있는데 국회에서 또 다른 자료를 요구했다. 곧바로 순천을 내려와 다시 국회로 출장을 갔다. 하루에 서울을 두 번 왕복한 것이다. 심야 고속으로 새벽 5시 30분경 도착하여 새벽 공기를 마시면서 귀가하는데 그때의 스산한 공기 맛이 지금도 아련하다.

이렇게 어려운 과정을 거치는 동안 순천만 국제습지센터 예산 430억 원이 국회에서 증액 편성되었다. 이는 우리 순천시가 탄생한 이래 최초의 사례이다. 국비가 정부부처에서 편성되는 사례는 있었으나 국회에서 단위사업으로 증액된 사례는 처음이었다. 그것도 국회에서 사업비 목록을 새롭게 만들고 증액을 한 것이다. 그동안의 어려운 과정, 5시간 소요되는 거리를 하루에 두 번씩 오가면서 설득했던 일, 얼마나 피곤했던지 내려야 할 지하철역을 두 번이나 왕복으로 지나쳤던 일 등이 주마등처럼 스쳐 지났지만, 목표를 이루니 고생했던 모든 기억이 눈 녹듯이 사라졌다. 순천만의 위기를 기회로 바꾸기란 이렇게 힘든 여정이 있었다. 사람들은 순천만을 두고 하늘이 내려준 선물이라고 이야기한다. 하지만 나는 그 말에 전적으로 동의하지 않는다. 왜냐하면 지금의 순천만은 수많은 사람의 희생과 노력으로 이루어진 창조물의 결과물이기 때문이다.

1992 쓰레기가 쌓인 순천만

1997 골재 채취, 그리고 시민들의 반대운동

2000 시내 중심을 흐르는 3급수 강

2003 순천만에 위치한 오리농장의 악취와 오수

2009 순천만의 어선들과 음식점, 창고들

쓰레기를 치우고 본연의 모습으로

다양한 생물들을 품기 시작하며

흑두루미는 늘어가고

함께 늘어가는 관광객

자연과 인간이 공존하는 순천만

02 순천만 국제정원박람회

순천만생태관광의
틀을 바꾸자

순천만은 세계에서 다섯 번째 가는 연안 습지이다. 세계 5대 연안 습지는 한국의 서남해안 갯벌, 캐나다 동부 연안, 미국 동부 조지아 연안, 북해 연안, 브라질의 아마존 유역 연안을 말한다. 한국의 서남해안 갯벌 중 순천만처럼 보존이 잘된 곳이 없다. 그래서 '세계 5대 연안 습지 순천만'이라고 한 것이다. 우리나라에서 세계 5대에 들어간 것이 그리 많지 않다. 가장 우수한 인재들이 배출되는 서울대학교는 세계 경쟁력이 몇 위인가? 매년 바뀌지만 30위권 내외이다. 그러니 세계에서 5번째 안에 든다는 것은 대단한 것이다. 그러면 이것을 보존하고 생태관광자원으로 이용하려면 어떻게 할 것인가? 많은 고민을 했다.

나는 문화 관광분야에 오래 근무했기에 의식적으로 문화 관광분야에 전문적인 공무원이 되어야겠다고 생각하며 끊임없이 노력했다. 그래서인지 나는 순천만을 그저 단순히 환경적으로만 접근하지 않았다. 아니 의식적으로 순천만의 다른 측면들을 생각했다. 순천만에 환경 이외에 문화와 관광을 융합하기 시작했고, 그 결과는 지금의 성공적인 순천만이 되었다. 만약 순천만을 환경적으로만 접근하고 관리했다면 지금의 순천만은 탄생할 수 없었을지도 모른다.

일부 환경운동가는 자연 자원을 최대한 사람의 간섭을 받지 않고 그대로 두기를 원한다. 하지만 관광은 자원을 될 수 있으면 많은 사람이 볼 수 있도록 시스템으로 만드는 것이다. 위 두 가지는 서로 상충한다. 위

두 가지를 잘 융합한 것이 생태관광인 것이다. 그런데 생태자원을 일반 관광지와 같이 개발하거나 관리하면 자원이 고갈될 수밖에 없다. 이를 고민하던 중 언젠가 들은 적 있던 벌통형 관광에 대한 발표가 생각났다. '벌통형 관광' 바로 이것이다! 머리가 뻥 뚫리는 기분이 들었다.

벌=관광객, 꽃=관광자원, 벌통=숙박 및 편의시설. 즉 벌은 관광객이요, 꽃은 관광자원, 벌통은 숙박과 편의시설에 비유하면서 '꽃이라 할 수 있는 관광지 내에는 숙박시설을 최소화하고 도심 인근 지역에 숙박시설 등 관광시설을 집중적으로 개발해야 한다.'는 내용이었다. 이 논리를 순천만에 대비해 보았다. 벌은 순천만을 찾는 관광객이고, 꽃은 순천만, 그리고 벌통은 순천 도심을 의미한다고 상상했다.

"바로 여기에 답이 있구나."

우리 주변에서 꿀을 따는 사람들의 삶의 방식을 들여다보면 결코 꽃밭에 벌통을 놓지 않는다. 꽃밭과 조금 떨어지고 이미 도로가 형성된 도로변 양지에 벌통을 놓는다. 나는 순천만을 꽃밭이라고 상상해보았다. 벌인 관광객이 자고 먹을 곳은 순천만이 아니다. 벌통을 어디에 놓을 것인가? 순천만과 조금 떨어진 도심 주변이었다. 바로 이것이다. 순천만을 보호하려면 순천만 주변에 숙박시설과 음식점을 조성하는 것은 정답이 아니라는 것을 깨달았다. 그러나 우리나라에 이런 곳이 없다. 사례가 없었다. 대부분 자원이 있는 지역에 집단시설지구를 개발하였다. 그렇게 하다 보니 결국 몇 년 지나면 자원은 고갈되었다. 자원의 가치가 사라지니 관광객은 줄고, 관광객이 줄다 보면 집단시설지구는 폐허가 되었다. 자원은 사라지고, 시설물은 폐허가 되고, 사람들도 떠났다.

그래서 특히 자연생태를 관광 자원화할 때 '벌통형 관광' 방식이 필요하다는 생각이 들었다. 이론은 쉬울지 몰라도, 실행까지는 천 리 길이다. '일단 모델을 만들자. 한 걸음도 앞으로 나아가기 어렵지만 반드시 실행하자. 그렇게 하다 보면 전국에서 벤치마킹할 것이고, 우리나라 전체가 지속 가능한 녹색 국가로 변할 것이다.'라는 말을 스스로 매일 주문처럼 되새기고, 동료들을 설득했다.

우리는 '벌통형 관광! 벌통형 관광! 벌통형 관광!'을 수없이 외치면서 국제습지센터와 정원박람회장을 조성해 나갔다. 그렇게 태동한 것이 지금의 순천만국제습지센터이고 이를 연계하여 조성한 것이 순천만국제정원박람회장이다. 관광객인 벌들이 꽃밭인 순천만을 살며시 바라만 보고, 벌통인 도심에서 먹고 자면서 쉴 수 있는 시스템을 만들기 위해 순천만 입구를 꽃밭인 순천만에 두지 않고, 도심 주변인 현재의 순천만국제습지센터로 옮기고 입구와 순천만을 연결하는 스카이큐브를 구상했다. 이 시스템은 벌들이 꿀을 도심에 저장하도록 유도한다. 그러면 벌꿀을 따먹는 사람은 누구인가? 바로 시민이다.

벌꿀로 수입을 얻고 이를 이용하여 꽃밭인 순천만을 관리하는 것이 궁극적인 목표이다. 벌꿀만 챙기고 꽃밭을 방치해 꽃들이 살아남지 못하면, 벌은 발길을 끊는다. 관광객이 지속적으로 순천만을 찾게 하기 위해서는 시민들도 순천만이라는 꽃밭을 철저하게 관리해야 한다. 무엇보다 관리할 수 있는 시스템을 만드는 것이 중요하다. 그러나 일부에서는 아직도 이를 이해하지 못하는 것이 안타까울 뿐이다.

순천만 보존을 위해
순천만정원이 탄생하다

2013년 순천만국제정원박람회장은 박람회라는 국제행사 장소를 조성하기 위한 공간이 아니었다. 순천만 습지를 보존했더니 연간 300만 명 이상의 생태관광객이 찾아왔고, 환경전문가들은 넘쳐나는 관광객들로 인해 생태계가 크게 훼손될 위험성이 있다며 빠른 기간에 이를 해결해야 한다고 했다. 처음 계획한 대로 현재의 생태관을 생태계 보전을 위해 전이 지역 밖으로 이전해야 한다는 것이었다. 그 장소가 바로 현재의 순천만국제습지센터이다.

이곳은 순천 지명 700년 기념사업을 하기 위해 필요한 사업을 찾고 있던 장소였다. 하지만 당시 기념사업의 내용이 우리 시의 이미지를 알리기엔 부족해 보였고, 모든 사업비를 시비로만 충당하기에도 부담감이 느껴졌다. 그래서 국비를 확보해 '순천만국제습지센터'를 조성하자고 제안했다. 수많은 토론 끝에 순천 지명 700년 기념사업을 위해 확보했던 장소를 순천만국제습지센터를 짓는 것으로 변경하는 결정이 났다.

우리는 순천만 생태관을 순천만국제습지센터로 이전하는 것에 대한 계획과 시스템을 구체화하기 시작했다. 순천만 생태관을 순천만국제습지센터로 이동하는 방안을 생각하고, 벌통형 관광을 생각했다. 하지만 앞서 이야기했듯이 순천만 생태관을 순천만국제습지센터로 이전하는 일에는 430억 원 이상의 예산이 필요했다.

결코, 쉬운 일이 아니라는 것이다. 아니, 거의 불가능에 가까운 일이었다. 하지만 우리는 국회의원들과 문화관광부 관계자를 설득하고, 기획재정부의 이해를 얻어서 국회에서 예산 승인을 받았다. 이렇게 어려운 과정을 거쳐 정부 기금 215억을 포함, 430억 원의 예산을 확정하게 되었다. 순천 명명 700년 이후 정부 예산을 국회에서 반영한 최초의 일이 되었다. 이러한 사실만으로도 순천 명명 700년 기념사업에 큰 의의가 있다는 생각을 한다.

이 사업을 추진하면서 노관규 전(前)시장과 순천의 발전을 위한 많은 대화를 나누었다. 당시 시장은

"순천만 보존을 위해 국제습지센터 조성 사업까지 확정되었는데
도심이 계속 확장되고 있는 부분이 많이 걱정됩니다.
이번 기회에 건너편까지 정원을 조성해서
훗날 어느 시장이 오더라도 순천만 방향으로
더 이상 개발이 되지 않도록 생태 축을 만듭시다."

라는 이야기를 했고, 나도 그렇게 했으면 좋겠다는 생각을 했다. 그런 생각이 오가고 있을 때 동천 제방을 잔디만 있는 것보다 꽃밭으로 가꾸면 좋지 않을까 하고 '독일 정원 이야기' 저자인 고정희 박사에게 '동천 일곱 계절 프로젝트' PPT 자료를 요청하고 그에 대한 설명을 들었다. 내용이 너무 좋아 전 직원이 TV로 중계되는 간부 회의에서 발표할 것을 부탁했다.

그런데 발표 끝부분에 '정원박람회'라는 차트가 한 장 있었다. 참석자 대부분은 그냥 지나쳤는데 노 시장은 그 내용을 다시 설명해 달라고 했다.

그때부터 정원박람회에 대한 정보를 얻기 시작했다. 정원을 우리 시의 사업으로 하면 시비로만 해야 하지만, 국제행사로 진행하면 국비가 지원된다는 사실도 알았다.

결국, 2013년 순천만국제정원박람회는 순천만 보존을 위해 순천만 입구인 생태관을 도심으로 이전하고, 이 생태 축을 건너편까지 연결하는 과정에서 시작되었다. 이 과정에서 정원을 조성하자는 생각에 이르렀고, 정원 조성을 시비로만 할 수는 없으니 국비를 받아야 하는데 정원 조성이라는 국비항목이 없으니 국제행사를 기획하게 되었고 그 결과 지금의 순천만국제정원박람회가 탄생하게 된 것이다. 알기 쉽게 말하자면 순천만 보존을 위한 국제습지센터와 정원을 조성하고, 그 부지를 이용해서 2013순천만국제정원박람회 행사를 개최한 다음에 본래의 정원으로 되돌려 놓는 구상이었다.

순천만정원의 또 다른 가치
생태복지모델

정원을 조성하는 목적은 여러 가지가 있다. 슬럼가를 정원으로 만들거나, 버려진 탄광을 정원으로 만드는 사례도 있다. 그렇다면 순천만정원은 어떠한가? 순천만정원의 궁극적인 목적은 순천만 보존이다. 순천만정원은 순천만을 보존하기 위해 생태 축을 정원으로 조성하고, 순천만에서 할 수 없는 생태적 놀이를 이곳에서 할 수 있도록 공간을 조성한 것이다. 그리고 순천만과 순천만정원을 친환경 전기차인 스카이큐브로 연결하여 생태관광지의 모델을 만들려는 것이었다.

하지만 일부에서는 순천만정원도 철저하게 생태적이기를 바라는 사람도 있었다. 이러한 생각은 순천만정원의 근본적인 목적을 알지 못해서 나온 의견이라고 생각한다. 어쨌거나 순천만정원은 그것이 가지는 목적에 맞게 생태적으로 관리되고, 생태적인 놀이여야 한다. 그렇기에 순천만정원의 조성과 관리에 있어서도 끊임없이 생태적 접근이 가능한 시설물 배치를 고민해야 한다. 그래야 후세에 물려줄 세계적인 자원이 될 테니 말이다.

순천만정원에는 수로가 많다. 처음 순천만정원을 설계할 때는 모든 수로가 U 공관(U자형 시멘트로 만들어진 관)으로 설계되었다. 하지만 우리는 '어떻게 하면 순천만정원을 생태적으로 조성할 수 있을까'에 대해 고민하다가 순천만정원의 모든 수로를 잔디 수로로 바꾸기로 했다. U 공관은 개구리가 빠지면 나오지 못해 하수구로 들어가 죽게 된다. 그러나 잔디 수로는 개구리가 놀 수 있는 최적의 공간이 된다. 순천만정원은 하천물이 흐르는 곳이 아니라 정원주변의 물이 모여 흐르면 된다. 비가 오지 않는 날은 불필요한 시설이기도 한 수로는 관광객이 관람하는 가장 가까이 있는 시설물이기도 하다.

생태계에 매우 중요한 곳을 단순히 도로변이나 계곡물을 흘려보내는 수로로 조성한다는 것이 이해되지 않았다. 이를 바꾸는데 많은 의견이 오갔다. 수많은 토론이 이어졌다. 설계자나 시공자들은 그동안 어느 사업장에서나 해오던 것처럼 U 공관 설치가 옳다는 의견을 냈다. 상급자나 감독들도 이에 동의했다. 그런데도 잔디 수로를 끝까지 요구하는 나만 독불장군으로 인식되었다. 애초 설계대로 모두 공감하는 U 공관으로 해버릴까를 수십 번 고민했다. 그러나 생태관광을 수십 년간 해온 나로서는 이해할 수 없었다.

잔디 수로로 조성하다 보니 속도가 나지 않았다. 공사 진척이 늦을 때마다 잔디 수로가 문제로 꼽혔다. 이것 때문에 늦어진다는 것이다. 시공 현장에서 감독공무원들에게 하나하나 예를 들어가며 설득해도 시공자와 감독공무원에게는 기한에 맞춰 준공하는 것이 더 중요한 문제였다. 현장점검 중에 '불필요한 일로 진척이 늦다.'는 이유로 질책도 많이 받았다. 그래서 일부 구간은 바로 현장에서 U 공관으로 바꾼 곳도 있다.

정원이다 보니 평평한 길만 있는 것이 아니다. 화장실 등 시설물은 물론 언덕을 오르는 곳은 계단으로 설계가 되어 있었다. 하지만 공원의 특성상 장애인들이나 어린이들이 많이 찾고, 유모차나 휠체어를 많이 이용할 텐데 계단이 많은 것은 문제가 될 거라는 생각이 들었다. 우리는 '계단 없는 정원'을 만들자는 목표를 세웠다. 이 계획 또한 처음 설계를 모두 바꾸어야 했고 장애인 시설을 별도로 설치하려면 예상 비용보다 많은 금액이 추가되어야 했다.

"시간은 없는데 별것 다 신경 쓰이게 만든다."

라는 불평이 감독 공무원이나 시공자 측에서 나오는 듯했다. 하지만 내가 '계단 없는 정원'을 수장하는 데는 확실한 이유가 있었다.

아버지는 골다공증으로 오랫동안 투병 생활을 하셨다. 걷기가 불편한 사람은 방안의 문턱만 보아도 온몸을 떨면서 긴장을 한다. 그때, 힘겹게 문턱을 넘는 아버지를 보며, 내겐 별거 아닌 문턱이 몸이 불편한 사람에게는 얼마나 무서운 것인지 경험했다. 장애인이나 어린이가 걷기 편하면 당연히 건강한 사람들도 걷기에 편한 것 아니냐는 생각으로 물러서지 않았던 것이다. 그렇게 우리는 수많은 토론과 협의를 거쳐 박람회장 전체 구간을 계단 하나 없이 걸을 수 있게 시공했다. 그 결과 우리나라에서 장애인이 가장 편하게 이용하는 공공시설물 상도 받았다.

또한, 순천만정원의 길을 직선에서 곡선으로 조성하자는 생각도 같은 이유였다. 애초 설계에 직선으로 되어있는 것을 곡선으로 변경했다. 변경 과정에서 박종후 교수의 자문을 받았는데, 현대자동차의 디자인이 어느 순간 직선^(각 그랜저)에서 곡선으로 변했던 것이 바로 박종후 교수 디자인의 힘이었다. 박종후 교수의 무료 자문 봉사로 정원에 있는 모든 길을 새롭게 디자인할 수 있었다. 정원 중심에는 10미터 길이의 도로가 있었는데, 이 도로는 애초 설계에는 모두 아스팔트 포장으로 계획되어 있었다. 그런데, 정원에 과연 2차선 차도가 필요할까? 아무리 생각해도 아니라는 생각이 들었고, 2차선 차도를 1차선 차도와 1차선 인도로 변경했다. 새로 생긴 인도는 황토 포장을 하고 중심에는 꽃과 나무를 심었다. 이러한 모든 과정을 감독공무원들과 오랜 시간 협의를 통해 결정하였다. 설계변경은 감사가 많기 때문에 설득하기까지 어려움도 많았고, 수많은 질타도 감수해야 했다. 설계 변경으로 공사가 늦어졌다는 누명을 받기도 했다.

우리는 외곽도로에서 순천만정원으로 유입되는 소음을 차단하기 위해 순천만정원 상부에 도시숲을 조성하여 소음을 차단하고, 바로 언덕 아래 1만 평을 사계절 푸른 서양 잔디로 조성하는 계획을 세웠다. 그때, 서양 잔디는 관리가 어려우니 한국 잔디로 바꾸자는 의견도 많았다. 그러나 나는 반드시 이 광장을 서양 잔디로 조성하고 싶었다. 그 열망은 생활에서 경험했던 사소한 생각에서부터 시작되었다. 그 당시, 우리 집은 25년 전에 지어진 오래된 아파트였다. 아파트 자투리 공간에 어린이 놀이터가 50평 정도 조성되어 있었는데, 우리 아이들이 유치원과 초등학교에 다닐 적에 하루 종일 이 놀이터에서 살다시피 했었다. 바닥은 모래로 깔려있고, 미끄럼틀과 시소 등 몇 개의 시설이 고작이었지만, 창문 너머로 신나게 노는 아이들의 모습을 보고 있으면 기분이 좋았다. 하지만 즐겁게 놀고 집으로 돌아온 아이들은 온몸에 모래를 묻히고 왔다고 꾸중을 들어야 했다.

정원 조성을 위해 유럽에 시찰을 갔을 때, 유럽의 어린아이들이 드넓은 정원 잔디밭에서 뛰고, 구르는 모습을 보았다. 50평 정도의 모래밭 놀이터에서, 그마저도 신나게 놀다가 모래를 달고 집에 와 꾸지람을 들어야 하는 우리 아이들의 현실과는 너무 차이가 났다.

파릇한 잔디밭에서 뛰어노는 아이들이 꾸는 꿈과 50평 남짓한 모래밭에서 뒹구는 아이들이 꿈꾸는 미래는 어떤 차이가 있을까? 마음이 씁쓸했다. 순천만정원박람회 개막과 함께 부모님의 손을 잡고 온 아이들이 순천만정원의 푸른 잔디에서 뒹굴며 뛰어노는 모습을 보며 나는 가슴 깊은 곳에서 일어나는 뿌듯함을 감출 수가 없었다.

복지에는 여러 가지가 있다. 순천만정원 조성 당시 정치권에서는 선택적 복지와 보편적 복지로 나뉘어 격론이 벌어지고 있을 때였다. 보편적 복지는 실행되면 좋지만 비용은 누가 대느냐 하는 문제가 있다. 나는 생태복지야말로 보편적 복지의 모범사례라고 말하고 싶다. 나는 동료들에게 기회가 있을 때마다 '우리는 단순히 정원을 조성하는 것이 아니라 보편적 생태복지 공간을 조성하는 것이며 생태복지야말로 인간이 누릴 수 있는 가장 기본적인 복지'라고 상기시켰다.

부족한 예산으로 얻은 이름
재활용 박람회!

순천만국제정원박람회장 조성 과정은 그야말로 처참했다. 짧은 기간에 공사를 맞추어야 하는 어려움도 있었지만 확보한 예산도 부족했다. 그야말로 정부에 의존할 수밖에 없었는데 그 또한 매우 어려웠다. 그러다 보니 할 수만 있다면 주변의 도움을 받거나 비용을 최대한 줄이는 방법을 선택했다.

상사 호수 수변에는 단풍나무와 벚나무, 백목련 등 수령 20년 이상 된 나무들이 많았다. 댐을 조성한 후 도로변을 따라 심은 나무들이다. 하지만 전문가들은 댐 주변에 낙엽수가 많은 것은 좋지 않다고 말했다. 주민들이나 관광객들도 잎이 무성한 낙엽수들 때문에 댐의 수면을 볼 수가 없으니 큰 나무를 제거해달라는 민원이 자주 발생했다. 그래서 댐 주변의 낙엽수를 제거하고 구지뽕나무나 생강나무 등 약용식물 등을 심어 경관도 해치지 않으면서 먹는 물에 도움이 되는 연구용역을 추진했다. 우리나라에서 가장 깨끗한 주암호(상사 호수)로 십전대보탕을 만들어보자는 프로젝트였다. 이러한 연구 프로젝트가 실행됨에 따라 댐 주변에 심어졌던 단풍나무와 벚나무 등을 뿌리돌림 하여 순천만정원으로 옮겼다. 이 과정에 가로수를 옮긴다는 내용이 KBS 9시 뉴스를 통해 전국에 전해져 사람들을 놀라게 한 적도 있다.

하루는 아내와 88고속도로를 지나고 있었는데, 고속도로 확장공사가 한창이었다. 도로변의 가로수들이 무참하게 잘려나가는 모습을 보니, 순간 저 나무들을 정원박람회장에 옮기면 좋겠다는 생각이 들었다. 도로변이라서 이동하기도 편리할 것 같았다. 도로공사에 연락했다. 필요한 지자체를 찾았으나 없어서 그렇게 잘라냈다고 했다. 나는 바로 이 나무들을 순천만정원박람회장으로 옮기는 것을 제안하였다. 역사가 있는 고속도로이다 보니 도로변에 큰 가로수가 많았다. 메타스퀘어나 철쭉 등 수종도 다양했다. 뿌리돌림을 할 수 있는 나무는 모두 옮겼다.

또 순천에서 목포 간 고속도로 개설 공사를 했었는데, 이 구간은 산악을 거치다 보니 바위가 많았다. 여기서 나온 버려질 위기의 바위를 모두 모아 순천만정원박람회장 조성 현장에 보내 바위 정원과 수로를 만드는 데 유용하게 사용하였다. 또 한 번은 해룡산단을 조성하기 위해 주변 마을이 이주하였는데, '마을의 좋은 집들을 골라 정원으로 옮기는 것은 어떨까' 생각이 들었다. 생각 끝에 50여 동 집의 목재를 그대로 옮겨 상당 기간 보관 후 정원의 쉼터를 조성할 때 활용했다. 쉼터의 기둥은 목재를 재활용하고 지붕은 순천만 갈대를 사용해 만들었다. 철재를 사용하는 그늘막보다 더 운치가 있었다. 관람객의 쉼터로 제 몫을 톡톡히 했다.

2012년 여수세계박람회가 끝나고 여수박람회장에서 사용한 자재들이 남았다는 정보를 얻은 우리는 순천만정원박람회장에서 활용할 수 있는 그늘막과 가로등, 종사자 복장, 우의 등을 인수하기로 협의했다. 그늘막은 박람회장 곳곳에, 가로등은 주차장에 설치됐고, 종시자 복장이나 우의는 자원봉사자들이 유용하게 활용했다.

순천만정원박람회장을 하나의 작품으로 만들기 위한 고민만 종일 해도 힘든데 예산을 확보하는 일과 예산을 줄이는 일을 동시에 하려니 어려움이 배가 되었다. 그러다 보니 계획을 수정해야 하는 일이 비일비재했고, 계획이 수정 변경될 때마다 언론에서 이슈가 되었다. 그도 그럴 것이 순천만정원박람회는 그 규모가 국제적이었기 때문에 언론이 항상 주목하고 있었다.

숱한 고뇌에도 시간과 싸움을 하는 처지에서 나는 항상 을이 되고 말았다. 훗날 '순천만정원박람회장 조성, 200억 원 이상을 재활용한 재활용박람회'라는 칭송 아닌 칭송을 받았지만, 조성과정에 수많은 지적을 가슴에 삭이면서 지냈기에, 가슴은 이미 갈기갈기 찢긴 후였다.

스카이큐브!
생태관광의 중요한 수단이다

순천만 갈대숲이 매력을 뽐내는 가을이 오면, 우리는 화창한 가을 하늘을 바라보며 비상 체제에 들어가기 바빴다. 주말이면 순천만을 찾는 차량 행렬이 순천 도심까지 이어졌고, 인근 도로는 주차장이 되어버렸다. 매년 인근의 농경지를 매입해서 주차장을 확장하는 노력을 기울였지만 역부족이었다. 또한 몰려드는 인파와 함께 곳곳에는 노점상이 무분별하게 들어서면서 난장판을 방불케 했고, 이로 인한 민원이 연일 이어졌다. 인근의 농경지를 소유한 주민들은 순천만 관광객들로 인해 농기계를 적절히 운영하지 못하고 있다며 분통을 터뜨리는 통에 시청은 조용할 날이 없었다.

어느 순간 순천만이 철새들의 안식처가 아닌 저급 관광지로 전락하고 있었다. 순천만을 찾아오는 관광객의 증가가 소비로 이어져 순천 경제에 활기를 불어넣으리라 예상했지만, 실상은 아이러니하게도 정반대였다. 웃음꽃이 만발하리라 생각했던 순천 시내 상인들의 얼굴은 그다지 밝지 않았다. 순천만에 300만 명의 관광객이 온다 한들 대다수는 교통 체증으로 인해 순천만만 구경하고 인근의 여수, 광양, 벌교 등으로 선회하기 때문에 도심 상권의 발전에 전혀 도움이 되지 않았다. 교통체증, 주차 공간 부족, 도심 상권의 침체 등 해결해야 할 현안들은 쌓여갔지만, 우리 직원들은 순천만 현장 지원과 상시 업무를 처리하기 바빠 지쳐만 갔다.

이 모든 문제를 해소시킬 방법은 순천만으로 진입하는 도로 및 교량을 확장하거나 주차장을 한없이 늘리는 것이었지만, 예산이 약 1,000억 원 소요되어 다른 대책을 세워야 했다. 현재 일어난 문제에만 너무 초점이 맞춰져 있는 듯해 머리도 식힐 겸 순천만 현장을 거닐면서 정원박람회장 방향을 바라보았다.

'순천만과 정원박람회장을 이어주는
 이동 수단이 있으면 좋을 것 같은데…'

라는 생각이 무의식중에 내 머리를 채웠고, 온 몸에 전율이 느껴졌다. 즉시 이 내용을 동료 직원들에게 공유하고, 관련 정보를 수집하기 시작했다. 그러던 중 포스코 측에서 신사업으로 친환경 차량을 개발하고 있다는 소식을 접하게 됐다. 사업의 취지와 목적이 우리의 현안 해결에 부합한다는 의견이 모여 우리는 포스코를 방문하기로 했다. 수소문 끝에 찾아간 곳은 포스코 본사 옆에 위치한 '친환경 차량 연구소'였다. 포스코에서 개발 중이던 아이템은 전기를 동력원으로 하는 PRT(Personal Rapid Transit, 지금은 스카이큐브라고 함)라는 이름을 가진 친환경 소형 무인궤도차였다.

우리가 방문했을 당시에는 테스트를 진행하고 있었는데, 연구소 측에 의하면 '이 차량의 개발이 성공하면 세계 최초가 될 것이며, 시범사업을 강원도 설악산에서 추진할 예정'이라고 했다. 우리는 시범사업을 설악산이 아닌 순천만에서 추진하면 안 되겠냐며 물어봤지만, 포스코 측의 입장은 강경했다. 연구소의 연구진을 순천만에 방문하도록 요청하여 현황과 순천만의 환경적/경제적 가치를 근거로 설득했지만, 연구진은 순천만의 경우에는 유입되는 관광객의 수가 비수기/성수기에 따라 편차가 커 설악산보다 PRT를 상시 운영하기에 효율성이 떨어진다는 의견을 밝혔다. 당위성을 아무리 설명해도 협상이 순탄치 않아 보이자, 우리는 PRT 유치를 위한 다른 방법을 모색하기 시작했다.

포스코는 순천 인근의 광양에도 산업시설(포스코 광양제철소)이 있었기에 포스코 경영진의 광양제철소 방문 일정이 예정되어 있는지 파악했다. 다행히 얼마 안 있어 포스코 회장의 광양제철소 방문이 있을 것으로 확인되어, 우리는 시장과 포스코 회장의 만남을 주선하게 됐다. 포스코 회장과 간단히 인사를 나누고, 우리가 PRT를 필요로 하는 이유를 차분히 설명했다. 긍정적인 반응과 함께 얼마 뒤 현장 조사를 하고 싶다는 포스코 측의 연락이 왔다. PRT 도입을 구체화하기까지는 생각 외로 긴 시간이 걸렸다. 협상을 시작한 지 2년이 지나서야 MOU(Memorandum Of Understanding, 정식 계약을 맺기 전 작성하는 양해 각서) 체결을 위한 실무진이 꾸려져 구체적인 절차를 밟아나가게 됐다.

당시에는 민간 자본을 투자 유치한 경험이 없어 기획재정부로부터 민간투자법과 관련된 자료를 받아 필요한 조항을 정리했다. 계약을 위한 협상 과정은 치열했다. 포스코 측에서 제시하는 조건은 다소 까다로웠지만, 순천만의 생태적 보존과 PRT 도입 시 기대되는 긍정적인 효과(방문객의 편의 향상 및 체류 시간 증대에 따른 순천 도심 상권의 활성화)의 실현을 위해 열심히 준비했다. 포스코 측과의 협상이 막바지에 이를 무렵, 예상치 못한 상황이 벌어졌다. 일부 시의회 의원과 시민단체가 합세하여 연일 PRT 도입 반대 의견을 보내오기 시작한 것이다.

> "당신이 먼저 하자고 한 겁니까,
> 아니면 포스코가 먼저 하자고 한 겁니까?"

"당신은 순천시를 위한 공무원입니까,
포스코를 위한 공무원입니까?"

등의 발언으로 나의 공직생활 중 가장 큰 수모를 공개적으로 당하는 느낌을 받았다. 그동안의 과정을 입이 마르도록 설명했지만, 소용이 없어 마지막이라는 심정으로 순천 내 전체 시민사회단체를 대상으로 설명회를 하기로 했다. 설명회 결과는 의외였다. 참석자의 98%가 PRT 도입에 찬성 의견을 표명했다. 시민들의 뜻에 따라 일을 추진해야 했지만, 마지막까지 긴장을 늦출 수는 없었다.

포스코 측과의 협상도 속도를 올렸다. 최종적으로는 에코트렌스(포스코 출자법인) 측이 향후 30년간 운영에 책임을 지고, 운영 수익금까지 가지는 것으로 협상이 마무리되고 공사가 시작됐다. 공사가 진행되는 중에도 PRT는 시의회에서 뜨거운 감자였다. 결국 시의회에서는 PRT 사업에 대해 감사원 감사 청구를 하게 되었고, 전 언론에 '순천만 PRT 사업 감사원 감사 착수'라는 보도가 나갔다.

감사 결과 '14개 항 모두 문제는 없으나 시의회 동의 절차가 생략된 부분에 대해 하자가 있다고 판단하여, 관계 공무원 4명에 대한 징계를 요구한다.'는 결론이 났다. 감사 결과는 감사 시작 때와 마찬가지로 언론에 보도가 됐다. 나는 감사를 받는 것보다 감사 사항이 매번 각종 언론에 보도되어 매도되는 것이 정말 부끄럽고 가슴 아팠다. 속사정을 잘 모르는 사람들은 마치 내가 큰 죄라도 지은 것처럼 조심스럽게 묻기도 했다.

그동안 이런 과정은 아내만 눈치껏 조금 알고 있을 뿐 가족에게는 일절 알리지 않았다. 내가 정원박람회 준비 관련 행사 참석을 위해 해외에 나갔다 돌아오니, 아내는 내가 자리를 비운 사이 어머니와 있었던 이야기를 들려주었다. 어머니께서 급하게 찾으신 어느 날, 아내가 어머니 댁에 갔더니 어머니께서 하시는 말씀이

> "경로당에서 티브이 뉴스를 보는데, 전기차를 추진한 공무원들이 그만둔다는데, 무슨 날벼락이냐?"

하면서 아내에게 자초지종을 물었더란다. 아내는 그간 있었던 의회 및 시민단체와의 의견 충돌, 감사원 측의 감사를 받았던 일, 그만두는 것이 아니고 징계를 받았던 일 등을 어머니께 말씀드렸으며, 그런 얘기를 나누다 둘이 껴안고 울음바다가 되었다고 한다.

감사를 한두 번 받은 게 아닌 터라 무던한 나였지만, 그 이야기를 듣는 순간에는 '어떤 일이 있어도 내가 떳떳하게 한 일이니 당당해야 한다.'는 생각으로 버틴 마음이 뒤틀리기 시작했다. 논어에 '좋지 않은 일을 부모에게 알리는 것이 가장 큰 불효다.'라는 구절이 생각났고, 눈가에는 눈물이 맺혔다.

공도(公道)를 위해 한 일이니 내가 감내해야 할 일이라고 생각하고 마음을 다스렸지만, 막상 징계를 받아야 하는 상황이 되니 정말 억울하고 허탈했다. 30년 이상 행정에 임하면서 부끄럼 없이 일했다고 자신감 넘쳤던 나였다.

시간이 흘러 전라남도 부지사 주관으로 징계위원회가 열렸고, 순천시 감사 담당의 징계 부여가 필요하다는 발언 뒤에 나에게 답변할 기회가 주어졌다.

> "위원장님, 그리고 위원님! 우리는 순천시에 650억 원의 민간 자본을 투자 유치하고 순천만을 위한 친환경 교통수단을 도입하기 위해 노력했습니다. 다만 시의회 동의를 받지 않았던 것은 순천시가 재정 부담을 하는 상황이 생기면 해도 된다는 견해가 있었으며, 현재까지는 관련 비용이 발생하지 않았기 때문입니다.
> 만약 어떠한 처벌을 받게 된다면, 이 일을 총괄한 저에게만 징계를 주시고 나머지 3명은 선처를 바랍니다."

라고 했다. 이에 위원장은

> "여기에 와서 그런 변명 하라고 이 자리를 만든 것이 아니다."

면서 둥명스러운 질책을 했다. '사적인 이익을 취한 것도 아닌데, 그간의 고초를 조금이라도 안다면 약간의 하소연은 들어주는 게 예의 아닐까?'라는 자조 섞인 아쉬움과 함께 가슴 속에서 보이지 않는 눈물이 흐르는 것을 느꼈다.

징계위원회 결과는 참담했다. 견책을 주어야 마땅하나 이미 받은 정부 포상으로 이를 대신하여 '불문 경고' 처분을 하였다. 주변 사람들은 그나마 다행이라고 했지만, 내 마음은 달랐다. '이제 우리 순천시에서 민간 자본을 투자유치 한다는 것은 영원히 어렵겠구나. 이런 일을 추진하는 공무원이 매번 이런 수모를 당하게 된다면, 어떤 공무원이 나서겠는가? 우리나라 공무원은 혁신이나 도전적인 행정을 해서는 안 되는구나…' 하는 생각에 아쉬움은 커졌다.

우여곡절을 겪긴 했지만, 순천만 PRT 사업은 운영을 시작했다. 순천만 국제정원박람회 개막에 맞추어 개장해야 했으나, 여러 가지 사유로 1년 뒤에야 운영이 이뤄졌다. 준비 단계부터 너무 요란했던 탓일까? 운행을 시작한 지 몇 년이 지난 지금도 '스카이큐브(PRT)'는 정상 궤도에 이르지 못하고 있다. 스카이큐브를 도입한 목적은 순천만과 정원박람회장을 오가는 사람들이 차량의 대체 수단인 스카이큐브를 이용하게 하려는 것이었다. 그 밑 배경은 순천만 생태관광의 본 모습을 찾고, 관광객이 오래 머물며 식사 및 숙박이 외지가 아닌 순천 도심에서 이뤄지게 하고 지역 경제에도 도움을 주는 시스템의 완성이 꿈이었다.

순천만 생태관광의 완성도와 성공 여부는 관광객의 숫자가 결정 해주지 않는다고 생각한다. 500만 명의 관광객 중 최소 100만 명이 순천 도심에서 여러 문화를 즐길 때 비로소 우리가 목표로 한 꿈이 이루어진다고 볼 수 있다. 스카이큐브의 도입을 통해 순천만으로의 차량 진입에 대한 억제와 관광객들의 도심 체류 시간을 늘리려는 목표를 지속적으로 고민해야 한다. 운영 시스템에 대해 좀 더 면밀한 접근을 하다 보면 해답은 얼마든지 있을 것이다. 본질에 충실하자, 그럼 혜안(慧眼)이 보일 것이다.

신뢰와 투명성이
위대한 작품을 만든다

2013년 10월 20일, 6개월간 열린 순천만 국제정원박람회가 성공적으로 막을 내렸다. 540만 명의 관람객이 찾았고, 수백억 원의 입장 수입도 올렸다. 지자체에서 개최한 국제행사 중 유례없이 성공한 행사로 칭송이 자자했다. 행사 후에도 순천만국제정원박람회장에 적용된 다양한 디자인과 환경시설 등이 수십 건의 국제 대회에서 수상하며 그 위상을 더해갔다. 그리고 이에 대한 공로로 2014년 4월 정례조회에서는 공무원과 민간인을 포함한 공로자 130여 명이 훈장과 표창을 받았다.

하지만 아이러니하게도 바로 그날 박람회장을 조성한 직원들은 박람회장 조성과정에 대한 조사를 받아야 했다. 국제적인 대규모 행사장을 조성하다 보니 피치 못하게 오해를 살 수도 있었겠지만, 새삼 억울하고 고통스러운 것은 어쩔 수가 없었다. 이후 수십 명의 공무원과 공사 관계자들이 조사를 받았다. 하지만, 그러한 고통과 시련 속에서도 조사를 받는 누구 하나 불평이 없었다. 그것은 바로 신뢰와 투명성을 바탕에 깔고 순천만 보존과 생태 도시의 완성이라는 목적만 보고 추진했기 때문이다. 좋은 선례는 아니지만 어떻게 이를 극복할 수 있었는지 공유하고 싶다.

첫째, 신뢰이다. 박람회장 조성에 참여한 공직자들이 서로 신뢰할 수 있었던 것은 조직원 구성과 목적성 때문이다. 대부분 파견하는 공무원은 우수한 직원을 보내지 않는 경우가 많다. 그러나 박람회장 조성에 참여한 공무원은 순천시청 내 각 직렬에서 가장 실력 있는 공직자들을 선발

했다. 그리고 수시로 박람회장 조성 목적에 대해 다짐을 했다. 동일한 목적을 가슴에 품고 서로 신뢰하는 가운데 일을 했던 것이다. 직원 모두가 순천만 보존과 생태도시 완성을 위해서라면 나날이 이어지는 고통 정도는 문제 되지 않는다고 생각했다.

둘째, 투명성이다. 우리나라 곳곳에서 지금도 수많은 공공사업이 연일 계속되고 있다. 사업의 규모가 클수록 다수의 사람이 관여하게 되고, 그 과정에서 의견 다툼과 책임 전가가 생기기 마련이다. 그러나 순천만 정원 조성 사업은 달랐다. 약 2,000억 원 상당의 사업비를 집행하면서 감독 공무원이 책임감을 느끼고 추진하는 시스템을 실행했다. 모든 자재와 공정은 감독공무원이 책임지고 시공하도록 했다. 다만 변경사항은 반드시 디자이너와 전문가 등이 참여하는 가운데 진행하도록 했다. 매주 관계 공무원과 시공사(하도급사 포함) 등이 참여해 공정에 대한 공개토론을 거쳐 결정하고 실행하는 과정을 반복했다. 그리고 감독 공무원은 현장에서 365일 감독·지도했다. 어느 누구도 시공사 측에 사적인 부담을 주지 않았다.

신뢰와 투명성, 이 두 가지 요소로 과제를 수행한 덕분에 순천만국제정원박람회장 조성과 관련해 감사와 조사가 이어졌지만 한 건의 문제도 없이 성공적으로 끝났다. 이런 과정을 겪으면서 나는 물론 같이 일한 동료들도 많이 힘들었지만, 한편으로는 한 점 부끄럼 없는 과정이었다는 것을 검증하는 계기가 되기도 했다. 결국 '조직원의 신뢰와 투명이 작품을 만든다.'는 진리를 확인하였다.

순천만국제정원박람회의 전경

순천시와 순천만을 형상화한 '순천 호수정원'

갯지렁이가 다니는 길을 표현한 '갯지렁이 다니는길'

순천정원박람회 최고의 정원으로 선정된 '한국정원'의 전경

공무원 덕림씨

03 **나는 대한민국
공무원이다**

지방공무원이여!
주인의식을 가져라

우리나라에서는 1991년이 되어서야 지방자치제가 처음 시작되었다. 나는 지방에서 근무했던 탓인지 그 이전부터 지방 분권의 중요성을 느끼고 강력하게 주장해오던 터라 그 기쁨은 말로 표현하지 못할 정도였다. 이미 수십 년 전부터 지방자치제를 시행한 국가들을 보면 지방자치제는 선진국으로 진입시키는 필수 요소처럼 느껴졌다. 그래서 나는 지방 분권과 관련된 토론회나 간담회가 있는 곳이면 적극적으로 참여하여 지방 분권에 대한 나의 의견을 피력해왔다.

그리고 그즈음부터 나는 이 분야를 학습하기 위해 중앙지와 지방 일간지에 나오는 지방자치에 대한 스크랩을 시작했고, 이와 더불어 행정을 추진하면서 참고할만한 좋은 방안들도 함께 수집했다. 이때 모아놓은 스크랩 자료는 아이디어가 막힐 때마다 숨통을 틔워주는 최고의 자료가 되어주었다.

지방자치제가 시작된 지 4년이 지난 1995년이 되어서야 완전한 지방자치제가 정립되었다. 지방자치제가 시행되면서 정부에서 임명하던 시장과 군수를 모두 시민의 손으로 직접 뽑게 되었다. 지방자치제로 제도가 변경되면서 가장 큰 혼란을 겪은 사람은 지방공무원들이었다. 중앙집권제 시절의 공무원들은 중앙 정부의 지시 사항만 잘 처리하면 됐었다. 사실 중앙 정부에서 내려온 지시 사항만 처리하기에도 시간이 부족했었다.

지방자치제로 넘어오면서 시민의 손으로 뽑힌 시장은 시민의 소리 하나하나를 소중히 여겼고, 그로 인해 지방공무원들에게도 자연스럽게 시민의 의견에 귀 기울이고, 그 의견에 맞게 아이디어를 내고 일을 처리하는 역량이 요구되었다.

하지만 이미 과거 습관이 몸에 익숙한 지방공무원들은 시민의 의견을 듣고 무언가를 해야 하는 상황을 낯설어하고 힘들어했다. 특히나 공무원 생활을 오래 한 간부급일수록 상태가 더 심각했다. 회의 때마다 '간부들부터 문제'라는 이야기가 종종 나왔다. 옳은 지적일 수도 있다.

지방자치제가 시행된 지 20년이 지난 지금은 어떠한가? 아직도 지방은 과거의 관습처럼 중앙에 의지하는 경향이 짙다. 그 이유는 대부분 지방자치단체에서 추진하는 사업들이 사업비의 80% 이상을 중앙 정부에 의존하기 때문이다. 재정의 한계가 중앙 정부에 의존하는 현상을 지속하게 하는 원인으로 제시되기도 하지만, 지자체 측에서 중앙 정부의 계획에 맞춰 사업안을 수립하기 때문이라는 생각이 든다. 지자체의 자립성이 떨어진다는 뜻이고, 겉에만 지방자치제의 옷을 입었지, 속은 뼛속 깊이 중앙집권제의 습성이 물들어 있는 모습을 보인다.

진정으로 완전한 지방자치제가 될 수는 없는 걸까? 나는 지역 특색을 찾는 것에서부터 시작했으면 한다. 제일 먼저 해당 지역의 특색을 찾고, 그 특색에 맞추어 시책 방향을 잡아 사업을 추진하면 그 지역만의 색이 묻어나는 결과를 얻을 수 있을 것이다. 내 경험을 비추어 보면, 그동안 추진했던 기적의 도서관, 순천만 습지 보존과 생태관광, 연극으로 하는 민방위 교육, 순천만 국제정원박람회 등의 사업들은 모두 우리 지역만이 할 수 있는, 우리 순천의 색과 향이 가득한 사업이었다.

중앙 집권 시대에는 국가공무원의 책임이 컸지만, 지방 분권 시대에는 지방공무원의 책임이 막중하다. 중앙집권제는 과거 유물이 되었고, 책에서나 경험할 수 있는 제도가 된 지 오래다. 이제 지방공무원은 지방의 머슴이 아니라 선도적으로 나라를 이끌어 나갈 리더가 될 필요가 있다. 지방공무원이여! 당신들은 이 나라의 주인이다. 대한민국의 수인이라는 책임의식을 가지고 나라의 발전과 국민의 행복을 위해 한 걸음씩 나아가자.

생각하는 공무원이
세상을 바꾼다

"공무원은 철밥통이다."
"공무원은 창조성이 없다."

라는 말을 많이 한다. 나는 이 두 가지 말을 가장 싫어한다. 왜 그럴까? 도대체 언제부터 공무원이 철밥통에 창조성이 없는 조직이 되어버렸나? 무엇이 문제일까?

그동안 우리는 공무원을 '머슴'이라고 했다. 머슴은 주인이 시키는 대로 하면 된다. 그렇다면 공무원의 주인은 누구인가? 국가 그리고 국민이다. 엄격하게 따지면 세금을 내는 국민이다. 국민이 시키는 일만 하면 되는 것이다. 국민 개개인이 시키지 못하니 국회에서 법을 정하고 그 범위 내에서 일하라는 기준을 정해준 것이다. 그 대가로 봉급을 주는 것이고 그러다 보니 지도 감독이 느슨한 틈을 이용하여 적당하게 일하고 봉급만 타는 것으로 보인다. 그래서 일도 안 하면서 봉급만 받아 가는 철밥통이란 별명까지 얻게 된 것이다. 사실은 20%의 일 잘하는 공직자가 일하지 않는 20%를 구제하는지도 모른다. (60%는 머슴처럼 시키는 일만 하는 사람)

앞서 언급한 '머슴처럼 시키는 일만 하는 사람'으로 인해 공무원의 창조성이 지적되고 있다. 물론 법과 기준대로 일하다 보면 창조할 것이 없다. 법은 수동적인 데 반해 창조는 능동적인 성격을 가지고 있다. 능동적으로 창조적인 일을 추진하다 보면 수동적인 법의 테두리를 벗어날

확률이 높아진다. 창조적으로 일한 공무원은 머슴처럼 수동적으로 일한 공무원보다 징계를 받거나 공직을 떠날 위험이 상대적으로 높은 편이라 볼 수 있다. 왜 국민은 공무원이 창조적이지 않다고 할까? 과거부터 해오던 관습의 영향으로 공무원이 머슴과 같이 일하기 때문일 것이다. 이제 '공무원은 머슴이 아니라 주인이다.'라는 인식의 전환이 필요한 시점이다. 자신이 한 일에 대해 의무와 책임을 지는 주인의식을 갖자는 것이다.

순천만국제정원박람회를 한창 조성할 당시 시장은 나에게 '주변에서 최국장을 시기하거나 모함하는 사람이 더러 있다. 그러니 주의를 하면서 일하면 좋겠다.'라고 했다. 날마다 하늘이 노랗게 보일 정도로 정신없이 뛰는 나에게 무슨 날벼락 같은 소린가 싶었다. 가볍던 발걸음이 무거워지기 시작했다. 갑자기 일하기가 싫어져 동기를 부여할 수 있는 책을 읽었다. 그러다 이런 글을 발견했다.

'일하는 자에게 가장 가혹한 비판자는 일하지 않는 자'

라는 말과

'남보다 10배 잘하면 시기를 받고 100배 잘해야 존경받는다.'

라는 말이었다. '그렇구나. 내가 지금 남보다 잘하기 때문에 시기를 받는구나? 그런 말을 듣지 않고 존경받으려면 앞으로 100배 더 잘해야겠구나.'라는 생각을 하면서 나 자신을 다독였다.

어느 날 문득 이런 생각도 들었다.

'왜 인력도 예산도 없으면서
범이라도 잡을 듯 대형사업을 추진할까?'

그러다 윗사람의 관심이 떨어지면 삼베 바지에 방귀 새듯이 그 시책이 사라진다. 왜 그럴까? 이유는 여러 가지다. 상부 기관에서 하라니까 마지못해 시행하거나, 윗사람이 철학 없이 자기 뜻대로 시킨 일이거나, 국비 보조 사업이니 추진한다거나 등이다. 내가 했던 일들을 돌아보아도 그런 것 같았다. 어쩌면 좋을까? 고민이 쌓였다. 하루는 번득

'그래, 문화적 토대 위에 행정을 추진할 경우에는
삼베 바지에 방귀 새듯 힘이 빠지는 일은 없을 거다.'

라는 생각이 들었다. 문화적 관점에서 상상하고 계획하고 실행하면 지자체장이 바뀌어도, 담당자가 바뀌어도 사업이 지속 추진되었다. 그러나 즉흥적이거나 마지못해 한 일들은 실행도 못 하고 그만두거나, 실행했더라도 지자체장이나 담당자가 바뀌면 시책까지 덩달아 없어졌다. 단순히 없어지는 것이 문제가 아니라 그동안 투입된 인력과 예산을 고려하면 어마어마한 예산 낭비였다. 바로 시민의 세금이 새는 것이다. 행정은 실험이 없다는 말도 있다. 그래서 창의적 행정이 어렵기도 하다. 문화적 바탕을 고려한 지속성 있는 시책이 매우 중요한 이유다.

20여 년 전 유순하 씨의 '한국문화에 대한 체험적 의문 99'라는 책을 읽은 적이 있다. 작가는 문화를 이렇게 정의한다.

'문화란 인간의 사고와 행동과 생활 양식을 지배하고 결정하는
정신적, 물질적 모든 기제 중에서 유전적인 요소를 뺀 일체의 것'

'같은 씨앗에서 다른 꽃이 핀다.
왜?
토양 때문이다.
식물에게 토양은 인간에게 문화와 같다.

문화는 인간을 결정한다.'

이후 나는 모든 행정은 문화에 바탕을 두어야 한다는 생각을 했다. '행정의 문화화'라는 제안을 낸 적도 있다. 그래서 가급적 문화관광 분야에서 근무하고자 했다. 우리 시의 문화수준을 조금더 올리고 싶었다. 순천만복원과 순천만국제정원박람회장 조성도 본질은 지역의 문화를 생태적으로 바꾼 것이다.

창조행정과 업무혁신의
딜레마를 넘어라

창조적인 행정을 하고 업무 방식을 혁신해야 하는 시대가 왔다. 그러나 이는 말처럼 쉬운 일이 아니다. 공무원이 경험적으로 쌓아온 지혜와 시민이 요구하는 다양성을 입체적으로 융합할 수 있는 역량이 전제되어야 가능해진다고 볼 수 있다. 하지만 다양한 프로젝트를 추진해 본 나의 경험을 비춰보면, 현시점은 창조행정과 업무혁신을 구현하기에 매우 어려운 환경이라는 것은 분명하다.

최근까지 내가 추진했던 업무 중에 시민들이나 관광객들로부터 '잘 된 사례'라고 칭찬을 받은 업무는 많았다. 어떤 이유로 시민과 관광객들이 칭찬했던 것일까? 그 이유는 기존의 관행을 벗어난 도전적인 일들이 많았기 때문이라고 본다. 관행을 따랐다면 내 업무의 결과물에서 창조와 혁신을 찾기란 힘들었을지도 모른다. 하지만 도전과 창조가 조건 없이 마냥 좋고, 마땅히 찬양받을 존재는 아니다. 역설적이게도 나의 경우에는 도전과 창조로 인해 수많은 감사와 조사를 받아야 했기 때문이다.

그런데도 현시대는 창조적이고 혁신적인 인재를 요구하고 있다. 이에 대한 나의 견해를 조심스레 밝히자면, 선행학습의 중요성을 강조하고 싶다. 초등학생이 중고등학교 과정을 공부하는 수준의 선행학습을 말하는 게 아니다. 내가 말하는 선행학습이란 미래 가치를 탐색하는 능력을 함양하기 위한 학습을 의미한다. 지역 여건에 맞는 환경을 올바르게 인식하여 미래 가치를 찾고, 이를 토대로 추진 전략을 세울 수 있어야 한다. 선행학습을 위한 최고의 도구로는 독서를 추천하고 싶다. 나는 끊임없는 독서를 통해 지혜를 쌓으면서 다양한 사례를 검토할 수 있었다. 또한, 신문 스크랩도 미래 판단을 위한 아이디어 뱅크로써 큰 도움이 될 수 있다.

일을 수행하면서 바른 의견은 반영하되 사익이 들어간 그릇된 의견은 버릴 줄 알아야 한다. 협상이란 그릇된 의견을 반영하기 위해 고민하는 과정이 아니다. 바른 의견 중 우수한 일부를 추리기 위한 과정임을 강조하고 싶다. 그런데 실행하기 어렵다는 이유로 바르지 않은 의견과 적당히 타협하는 경우가 종종 있다. 대다수 공적인 일들이 이런 과정을 거치는 경우가 많은데, 순간의 잘못된 선택으로 인해 전체 결과를 망치는 대형 참사를 일으키기도 하니 신중할 필요가 있다. 또한, 공무원의 경우 순환근무가 보편화 되어있기 때문에, 후임자를 위해서라도 바른 의견을 반영하는 업무 태도가 중요하다.

공무원이 공익을 위해 투자하는 자금은 시민의 세금이다. 그러므로 바른 일을 하고 모두에게 도움이 되는 일을 해야 한다. 그러나 현실에서 마주치게 되는 벽(장애물)은 너무 높다. 시민의 편의와 공익을 위해 추진한 일이었지만, 중간 과정에서 시민의 원성을 사거나 의도치 않게 조사 및 감사를 받게 되는 일도 다반사였다. 결과적으로는 나를 비롯한 모든 사람이 행복한 결론을 얻게 됐지만, 그렇게 된 밑바탕에는 창조적이고 혁신적인 업무 방식이 있었음을 말하고 싶다.

승진만 있고,
목적 없는 삶은 싫다

'공직자의 최대 목표는 승진이다.'라고 말하는 사람들이 간혹 있다. 나는 개인적으로 이런 사람을 보면 큰 소리로 다그치고 싶다. 공직자의 승진은 시민이 원하는 일을 하다 보면 자연스럽게 따라오는 부수적인 산물이라고 생각한다. 한편으로는 시민이 주는 선물이라고 표현하는 것이 더 어울릴지도 모르겠다. 특히 지방자치제가 시행된 이후 지방행정기관에서 근무하는 공직자의 경우가 더 그러하다.

하지만 지자체장에게 줄을 잘 서면 승진이 빠르다고 반론을 제기할 사람이 있을 것이다. 이는 공직자의 본분을 저버리고 정치에 관여할 것인지 아닌지를 따져야 하는 선택의 문제이다. 이런저런 정당하지 않은 방법으로 승진을 쟁취한 사람의 경우, 당장은 행복할지 모르지만 떳떳하지 못할 것이며, 누구에게 자랑도 못 하고 평생 비밀로 안고 살아가야 하는 불행한 삶을 살게 될지도 모른다.

공직자는 개인마다 출발이 다르다. 일반적으로 9급, 7급, 5급부터 출발한다. 승진 과정을 어떻게 겪느냐에 따라 근무하는 기간에 1계급만 승진하는 사람도 있고, 4계급을 승진하는 사람도 있을 수 있다. 나는 오래전부터 승진보다는 하고 싶은 일이 무엇인지 찾아서 그 업무에 충실히 임하는 것을 목표로 했다. 때로는 너무 한 우물만 파는 것 아니냐는 핀잔과 비아냥을 듣기도 했지만, 그 덕분에 37년 공직 생활 중 25년을 문화관광 분야에서 근무할 수 있었다.

승진을 목표에 두고 상대적으로 근무 평정을 잘 받을 수 있는 총무, 회계, 감사부서를 선호하는 사람도 많았다. 하지만 나는 기회가 있을 때마다 문화관광 분야에 지원했다. 그때마다 하게 되는 일은 이상하게도 하면 할수록 재미가 있었다.

그냥 내 적성에 맞는 일을 계속해서 할 뿐이었다. 그러다 보니 자연스레 승진도 했으려니 생각하지만 어떤 사람들은 내가 승진이 빨랐던 편이라고 한다. 승진은 빨랐지만 자리에 앉아서 결재만 하는 일은 하지 못했다. 현장에 나가서 일해야 마음이 편했다. 승진은 다른 사람이 결정하지만 좋아하는 일은 내가 결정하고 싶었다. 그래서 사무관 임기 6년 동안 4년을 관광과장으로, 서기관으로 재직 한 7년 중 4년을 정원 조성과 문화관광부서에서 일할 수 있었다.

왜 어려운 선택을 하기 위해 잔머리를 굴리는가? 내가 할 수 있는 가장 쉬운 선택을 할 때 가장 좋은 성과를 볼 수 있는 법이다. 그렇게 하려면 우선 나 자신을 점검해야 한다. 내가 잘하는 일이 무엇인지 돌아보고, 잘하는 일에 대한 지식을 꾸준히 쌓아야 한다. 또한, 어떠한 일이든 그 일에 온 힘을 다해야 한다. 그러면 자연스레 시야가 넓어져서 일하는 게 한층 더 수월해질 것이다. 될 수 있으면 젊은 시절에 더 많은 경험을 하는 것이 좋다. '젊어 고생은 사서도 한다.'는 옛말이 괜히 있는 게 아니다. 세월이 흐를수록 노하우는 쌓일지 몰라도 체력은 뒷받침되지 않는다. 조금이라도 더 젊고 건강할 때 다양한 경험을 축적해서 미래를 대비할 수 있어야 한다.

개인사업자는 일을 적게 하면 사업자 당사자가 손해를 본다. 그러나 공직자는 일을 적게 하면 시민에게 손해이다. 공직자의 게으름으로 정작 당사자는 영향을 받지 않지만 시민은 손해를 본다. 이런 생각이 들 때마다 '한 시간도 헛된 시간을 보내지 말자'고 다짐했다. 비슷한 다짐을 하고 업무에 임하는 조직일수록, 그 조직이 속한 지역은 발전한다고 생각한다. 한 조직의 발전은 지역 발전을 넘어 국가 발전에까지 기여할 수도 있다.

어쩌면 국가의 흥망이 공직자에게 달려있다고 해도 과언이 아닐 것이다. 국가의 흥망을 결정하는 것은 결국 사람이요, 더 좁게 말하면 공직자다. 그러므로 공직자의 사고방식이 그 무엇보다도 중요하다. 개인의 사고(思考)는 이론적 학습을 통해 향상되며, 체험적 실행을 통해 재학습된다. 이론과 체험 중 어느 하나도 소홀히 해서는 안 된다.

승진을 위해 한 일이 주는 기쁨의 효과는 길어야 승진하고 난 뒤 1주일 정도 간다고 본다. 좋아하지도 않는 일을 오직 승진이라는 목표를 보고 했기 때문에, 승진 뒤에 밀려오는 일을 감당할 수 없어지면 스트레스만 쌓여간다. 이와는 반대로 좋아하는 일을 좇아서 열정을 바친 프로젝트가 성공하게 된 경우를 생각해보자. 프로젝트의 성과가 좋았음에도 승진을 못 했다 하더라도 이 사람은 우울하지 않을 것이다. 승진을 위해 한 일이 아니라 본인이 하고 싶은 일을 했고 일하는 과정에서 승진보다 더 큰 기쁨을 충분히 느낄 수 있었기 때문이다. 약간 과장을 하자면 성공한 프로젝트로 인해 많은 시민이 행복해할 때 영원한 기쁨을 맛볼 수 있다.

일하는 자와
일하지 않는 자의 차이는?

하루는 문득 '가장 큰 뇌물을 받는 자는 일 하지 않는 자'라는 생각이 들어 아내에게 한 가지 얘기를 한 적이 있다. 큰 프로젝트 사업을 잘 마친 어떤 사업자가 팀원들과 식사를 함께 했다. 식사비 30만 원은 사업자가 지급했고, 서로 감사하다고 인사를 나누면서 헤어졌다. 이때 사업자가 팀원들을 위해 지급한 식사비용은 뇌물일까? 정답은 뇌물이다. 또 다른 예를 들었다.

조직의 동료들은 열심히 맡은 일을 하는데, 한 사람이 하루 8시간 정규 근무 시간 중 개인적인 전화, 동료와의 티타임, 인터넷 검색 등으로 2시간을 허비했다고 가정하자. 그렇다면 이 사람은 한 달 뒤에 일하지 않은 시간만큼 감액된 임금을 받게 될까? 보통은 그렇지 않다. 매일 이런 행동이 연속되어 한 달에 약 25%의 시간을 일하지 않는다면, 이 사람은 임금의 25%를 일하지 않고 부당으로 챙긴 꼴이 된다. (월급이 400만 원이면 100만 원이 부당 이득인 셈이다.)

첫 번째 이야기에서 팀원들에게 식사를 제공한 사업자가 지출한 30만 원은 개인 돈이다. 그러나 두 번째 이야기에서 부당 이득으로 보이는 100만 원은 어떠한가? 일하지 않고 임금으로 제공된 100만 원은 개인 돈이 아닌 국민의 세금이다. 하지만 현실에서 전자는 범죄가 되고, 후자는 전혀 범죄로 인정되지 않는다.

아내는 나의 이야기를 듣더니 기겁하는 표정으로 절대 어느 누구한테도 이런 얘기를 하지 말라고 당부했다. 하지만 나는 아내의 간곡한 만류에도 가끔 동료들에게 이 얘기를 들려주며 최선을 다하자고 외치곤 했다.

한번은 이런 소문도 있었다. 평소 알고 지내던 지인이 찾아와

"최근에 음주운전을 한 적 있느냐?"

고 물었다. 나는 대수롭지 않게

"없다."

고 대답했는데

"음주단속에 걸린 후 도망치지 않았느냐?"

면서 이야기의 수위를 높였다. 그래서 나는

"그런 적 없다."

라고 했더니

"시청 직원은 다 아는 얘기인데 왜 발뺌하느냐?"

고 했다. 어이없었지만, '그런 일 없으니 괜찮겠지'하고 지나쳤다. 그런데 며칠 뒤 소문이 감사부서까지 들어갔는지 감사과에서 경찰에 직접 물어봤다고 한다. 결론은 경찰에서 그런 일 없다는 답변을 받았다는 것이다. 그런데 또 며칠 뒤, 누군가가 윗분들에게

"최덕림 국장, 음주측정을 거부하고 뺑소니했다."

는 보고를 올렸다는 소식을 전해 들었다. 그 소리를 듣고 매우 기분이 안 좋았다. 그러나 이 또한 '근거 없는 일이니 상관없겠지'하고 그냥 넘겼다. 그런데 나를 아는 시민들까지

"요즘 별일 없죠? 혹시 음주단속에 걸린 적 있나요?"

하며 조심스럽게 묻기 시작했다. 참 웃기는 일이라 생각하면서도 도대체 누가 이런 말도 안 되는 소문을 퍼트린 것인지 궁금해졌다.

결국, 소문의 근원은 찾지 못했지만, 다시 한번 일하지 않는 공무원에 대해 생각하게 되었다. 일에 미치다 보면 남의 일에 대한 관심이 없어진다. 그러나 일하지 않는 사람들의 특징은 남의 일에 관심이 많다. 그러다 보니 자신은 돌아보지 못하고 남의 말을 잘한다. 좋게 말하면 좋지만 보통은 비판 일색이다. 그것도 그럴듯하게 말을 지어내기도 한다. 일하는 사람은 그 말을 들으면서도 지나친다. 그 말에 답변할 시간조차 아깝기 때문이다. 때로는 당장 따지고 싶은 열망이 앞선다. 그러나 마음속으로 가라앉히면서 내일의 희망으로 변환시켜 나간다. '시간이 지나면 자연스레 알게 되겠지.' 하면서 자신을 다스린다. 바르지 못한 자의 비판은 오히려 나의 주가를 올려주는 것이라는 진리를 믿는다. 그리고 희망 찬 내일을 준비한다.

행복한 시민을 위해
고독한 공직자가 되라

지방자치단체에서 근무하는 공직자에게 큰 걸림돌로 작용하는 3가지가 있다. 바로 학연, 지연, 혈연이다. 조직의 차원에서 볼 때, 능률을 저하하는 가장 큰 요인이기도 하다. 주변 사람들을 보면 함께 근무했다는 이유로 동료들과 사적인 모임을 하는 경우가 많았다. 사실 나는 근무 기간 동창회나 취미 모임 외에는 사적인 모임을 한 번도 갖지 않았다. 그나마 앞의 두 모임도 어쩔 수 없이 참석한 경우가 다수였다. 이유는 간단하다. 사석인 모임이 조직의 능률 향상은 물론 효율적으로 조직을 관리하는 데도 전혀 도움이 되지 않기 때문이다.

한 가지 사례가 있다. 어느 날 예전에 같이 근무했던 동료들과 모임이 있었다. 모임에서 오가는 대화 대부분은 자신들이 속한 조직에 대한 이야기였다. 술이 한 잔씩 돌다 보니 자연스레 사람에 대한 주제로 이어졌다.

　　"과장님 부서에 근무하는 ○○○은 이런 이런 점이 좋더군요."

하면 괜찮겠지만, 대부분 어떤 점이 안 좋으니 조심하라는 충고로 가득했다. 그런 얘기를 듣고 난 다음 날 당사자와 함께 일을 하면 어떻게 될까… 술자리에서 생긴 선입견 때문에 올바른 판단을 내리기가 어려워질 것이다. 이런 현상이 지속할 경우, 한 사람에 대한 선입견이 조직에 대한 불신으로 크기가 커져 그 조직은 더는 회복하기 어려운 지경에 빠질 수도 있다.

그래서 나는 선입견을 품지 않기 위해 항상 다음 문장을 머릿속으로 되새기곤 한다.

"내가 같이 일을 해보지 않고 어떻게 알겠는가?"

"옛 동료라는 이유로 어떤 부탁을 받거나 요구하는 것은 청탁이다."

그리고 무엇보다 중요한 사실은 나와 함께 근무하는 동료들을 신뢰하지 못한다면 그 어떤 일을 하더라도 결코 좋은 성과를 낼 수 없다는 것이다.

규모가 큰 프로젝트를 추진할수록 담당 공직자는 더 고독하고 외로워진다. 그러기에 동료 직원, 전문가, 관련 단체 및 지역주민, 시공사 등 될 수 있으면 여러 분야의 의견을 청취하는 것이 중요하다. 각자 자신의 입장에서 의견을 내놓기 때문에 담당 공직자는 최적의 결과를 도출할 수 있도록 여러 의견을 융합할 수 있어야 한다. 그러므로 특정 의견에 치우치는 것을 항상 주의해야 한다. 대형 프로젝트를 추진하는 공직자는 고독하고 외로울 수밖에 없다. 냉정하고 담대해야 한다. 고독이라는 긴 터널에서 인내하고 노력할 때 성공의 참맛을 느낄 수 있다. 하지만 성공의 영광이 한 개인에게 돌아가지는 않는다. 그렇다고 노여워할 필요도 없다. 개인의 영광이 작을수록 시민과 정부의 영광이 커지기 때문이다. 이런 모습이 나랏일을 하는 공직자가 꿈꿔야 하는 가장 이상적인 모습이 아닐까?

공무원 덕림씨의 꿈,
인간 최덕림의 꿈

나에겐 예전부터 두 가지 큰 꿈이 있었다.

첫 번째 꿈은 순천만 사례가 생태관광의 롤모델이 되어 우리나라 곳곳에 생태도시가 많아지는 것이다. 생태도시가 하나둘 늘어나면서 전국의 지자체가 녹색의 끈으로 퍼즐처럼 연결되어 녹색국가가 완성되기를 희망했다.

두 번째 꿈은 지방의 모범 행정 사례를 정부가 벤치마킹하는 꿈이다. 우리나라는 지난 수십 년간 중앙집권적 행정시책을 펼쳐왔다. 이런 탓에 탑-다운(Top-Down) 방식의 행정만 연속되어, 지방의 우수한 행정 사례는 널리 퍼져나가지 못하고 한 곳에 머무는 경우가 다반사였다. 탑-다운이 아닌 바탐-업(Bottom-Up)을 성공시키는 주인공이 되고 싶었다.

순천만 보전에 노력을 기울인 지 10년이 지난 지금, 나의 꿈은 어느 정도 이루어지고 있다. 자신이 거주하는 지역을 '지속 가능한 도시'로 다시 태어나기를 희망하는 여러 지자체 측에서 순천만 생태관광 사례를 롤모델로 삼아 녹색국가 퍼즐을 완성하는 조각을 만들어 나가고 있다. 두 번째 꿈은 근래에 이뤄지고 있으며 나를 흥분시키고 있다. 2014년 7월, 행정고시 합격자 430명을 대상으로 하는 지방 행정 사례 특강 요청이 들어왔다. 강의 당일에는 그동안 지방공무원으로서 일궈온 순천만이라는 열매를 마음껏 발표하며 자랑했다.

그해 9월에는 새만금 개발청 개청 기념 특강을 진행했다. 국가의 대단위사업인 새만금사업을 본격 추진하기 위한 국가기관을 처음 개청하면서 지방공직자에게 특강을 요청한 것이다. 누군가 '새만금 사업이 성공하려면 순천만 사례를 배워야 한다.'고 조언을 해서 이루어진 것이라고 했다. 돌이켜보면 새만금방조제 사업은 세계에서 가장 긴 방조제를 성공적으로 조성한 사례로 명성을 얻었다.

이 사업을 통해 우리나라는 세계무대에 두 가지 큰 이슈를 던진 바 있다. 우선 세계 최고 수준의 방조제 건설 기술은 칭찬할 부분이라 할 수 있다. 해수면보다 낮은 위치에 자리 잡아 간척사업에 일가견이 있는 국가인 네덜란드 정부도 극찬할 정도로 우리나라의 방조제 건설 기술은 뛰어나다. 하지만 이로 인해 우리나라에 매립 국가 이미지가 부여된 점은 아쉬운 부분으로 남는다.

새만금사업은 순천만 보전사업을 추진할 때 도심에 정원을 조성하여 에코벨트를 만들게 한 원천이 되기도 했다. 세계인들에게 대한민국이 매립 국가가 아닌 생태 보전을 위해 힘쓰는 친환경 국가라는 것을 알리고 싶었다. 그래서 동료 직원들에게도 기회가 있을 때마다 '우리는 대한민국의 이미지를 개선하기 위한 대형 프로젝트를 하는 중이다.'라고 강조하곤 했다. 터무니없는 말처럼 보이지만, 의미가 커야 자존감도 함께 성장한다고 생각한다.

앞으로 순천만과 같은 사례가 계속해서 이어져야 한다. 그래야 지방분권시대의 장점을 살려 지방 경쟁력을 높이고, 이것들이 퍼즐처럼 연결되어 국가 경쟁력의 기반이 되고, 진정한 국가 발전에 기여하게 될 것이다.

책을 마치며

의미 없는 고통은 없다.
의미를 아는 순간 고통은 사라진다.

빅터 프랭클

37년의 공직 생활을 마치면서 사회에 첫발을 내딛는 순간, 나는 허전함을 느꼈다. '하루하루를 무엇으로 채울 것인가?' 며칠을 고민했다. 매일 아침 출근하던 사람이 집에만 있으니 불안감을 느꼈다. 그러던 중 자치단체에서 순천만생태관광 성공사례를 설명해달라는 강의 요청을 받았다. 강의가 끝나고 질문을 받았는데, '그동안의 성공과 실패사례를 정리해서 후배들에게 전해 줄 생각은 없는가?'에 대한 내용이 가장 많았다. 하지만 '나 혼자 한 일도 아닌데 정리할 수 있을까?' 생각하고 그냥 넘겼다.

그런데 어느 날 여러 출판사에서 전화가 이어졌다. 그중 한 출판사 편집자가 가장 솔깃한 제안을 하였다. '순천만생태관광과 순천만국제정원박람회장 조성사례를 일기처럼 쓰면 된다.'고 말이다. 그리고 죽이 되든 밥이 되든 매일 한 단원씩 글로 써 메일로 보내주라 했다. 할 일도 없으니 생각나는 대로 정리해서 메일을 보냈다. 그동안 했던 일들이 생생하게 스쳐 지나가며, 실타래에서 실이 풀리듯 쓸 내용이 술술 나왔다. '체험이란 뼈로 기억한다.'는 말이 맞는다는 것을 이때 깨달았다. 간혹 '너 혼자 한 일처럼 보일 수 있다. 공직자는 책을 쓰기가 힘들다.'며 글을 쓰는 것을 망설이게 한 사람들이 있었다. 하지만, '그동안 일했던 과정을 잘 정리해서 후배들에게 알려주는 것이 도리이다.'라고 용기를 주는 사람들도 있어 견뎌냈다. 그래서 이번 기회에 잘못 알려진 오해를 풀고 똑같은 실수를 줄이기 위해서라도 진솔한 이야기를 전달하는 것이 좋겠다는 생각을 했다.

어느 날, 젊은 편집자가 조심스레 전화해서 말했다. '현재의 최덕림이 순천만과 순천만정원이라는 대형프로젝트를 완성할 수 있었다는 것이

도무지 상상되지 않는다. 그동안 선생님이 태어나고 자라면서 공무원이 되기까지의 이야기를 편안하게 정리해서 보내 주면 좋겠다.'는 것이다. 지금의 모습이 아닌 본인과 같은 나이였을 젊은 시절 '최덕림의 원천적인 생각'이 궁금하단다. 기억나는 대로 정리해서 보냈다. 한참 후에 다시 연락이 왔다. 자기들 생각이 맞았다는 것이다. 이제야 과거와 현재, 지금까지 일들이 연결되고, 이해할 수 있단다. 그러면서 '우여곡절이 많았던 삶의 전반부는 웹툰으로 편집하고, 최근에 있었던 순천만과 순천만정원조성 사례는 문자로 편집하겠다.'고 했다. 그렇게 '공무원 덕림씨'가 탄생했다.

순천만습지 복원과 순천만정원을 조성하는 과정에서 여러 차례 감사와 조사가 이루어졌다. 오죽했으면 감사원장에게 '감사원은 왜 나만 따라다니느냐?'고 편지를 쓰기도 했다. 또한, 힘들 때마다 '나는 왜 이렇게 지지리도 운이 없는가?' 한탄하기도 했다. 돌이켜 생각해보면, 지나온 과정은 끝없는 시련이었지만 그럴 때마다 많은 분이 도와주었기에 그나마 성공할 수 있었다는 것을 뼈 아프게 느낀다.

먼저 많은 것이 부족한 내가 대형프로젝트를 기획하고 추진할 수 있도록 아낌없는 신뢰를 주신 노관규 전 시장님과 조충훈 시장님, 서복남 전 부시장님께 감사드린다. 일하는 과정별로 도움 주신 많은 분이 기억나지만 대표적인 분들을 열거해 보면 기적의 도서관사업을 추진할 때 사기꾼 오명에서 벗어나게 해주신 박기영 교수님, 공익근무요원 검정고시반 운영에 힘써주신 정경호 선생님, 지석호 과장, 양효정 계장, 민방위 교육을 연극으로 할 수 있게 참여해주신 시립극단 단원들과 조해남 과장께 감사드린다.

순천만보전과 생태관광을 함께 추진했던 분들은 일일이 나열할 수 없을 정도로 많다. 한국해양수산 개발원의 박상우 박사님과 김준선 교수님, 서희원 변호사님, 김영대 원장님께 감사드린다. '순천만을 새롭게 디자인하라'는 운명의 배를 함께 탔던 이기정 과장과 황태주 과장, 김성진, 김원덕, 우성원 팀장, 그리고 순천만 생태해설사님들 한 분 한 분과 자료를 정리해주신 황선미 팀장께 감사드린다. 특히 순천만 습지 조성에 많은 질책과 협력을 아끼지 않으신 도사동, 별량면, 해룡면 주민 모두에게 진심으로 감사드린다.

순천만국제정원박람회장 조성부터 끝날 때까지 함께했던 박용근, 강철웅, 이천식 과장, 오행석, 장성주, 강승옥, 박치현, 허성무, 오종, 박선채 팀장을 비롯해 많은 분이 전쟁터를 방불케 하는 현장에서 많은 일을 해냈다. 가끔 만날 때면 빈말이라도 '그때 일은 참 힘들었었지만, 지금 생각해보면 보람은 있다.'라고 인사해주심에 감사드린다.

순천만정원조성디자인과 시공에 협력해주신 찰스젱스 님, 릴리젱스 님, 강익중 님, 황지해 님, 순천만국제정원박람회 조직위 이만의 위원장님, 송영수 위원장님, 정원박람회조직위원회 나승병 사무총장님, 장영휴 국장과 나옥현 팀장을 비롯한 모든 직원 한 분 한 분께 머리 숙여 감사드린다. 항상 미안하고 죄송스럽다.

이외에도 전국의 많은 전문가와 교수님들이 떠오른다. 갑작스런 어려움에 도움을 요청할 때마다 즉답으로 해결해주신 충북대 강형기 교수님, 순천만생태관광 활성화의 본질과 철학을 깨닫게 해주신 김형국 전 녹색성장위원장님, 힘들 때마다 격려와 함께 통합 디자인의 중요성을 일깨워주신 홍익대 나건 교수님, 정원시설에 대해 제안해주신 서울대 성종상 교수님, 정원박람회가 무엇인지 최초로 제안해주신 고정희 박사님께 이 자리를 빌려 깊이 감사드린다.

최근 주변에서 가장 많이 받은 질문이 있다. 그렇게 일만 하면 아내가 도망가지 않느냐고. 그러나 나의 아내는 정반대였다. 결혼 혼수부터 달랐다. 내가 더 공부할 수 있도록 재봉틀 대신 책상을 사 왔다. 내가 가장 힘들 때는 숨죽이면서 격려해주었고, 기뻐할 때는 더 큰 기쁨을 준비하라 주문했다. 정년퇴임식도 생략해 감사의 말도 전하지 못했는데 이 기회에 감사한 마음을 전하고 싶다. '면서기라도 해라' 입버릇처럼 말씀하시던 고인 되신 아버지와 시간의 중요성을 일깨워주신 어머니 감사합니다. 그리고 바쁘다는 이유로 돌봐주지 못했지만 잘 살아가는 두 딸과 사위 그리고 아들! 감사하다.

이 책이 나오기까지 좌절할 때마다 격려를 아끼지 않으신 출판사 관계자분들에게도 감사드린다. 책을 마무리하면서 그동안 감사해야 할 분들이 너무 많이 떠올랐다. 그러나 지면 관계상 다 열거하지 못한 아쉬움이 있다. 마음속 깊이 간직하면서 앞으로 은혜를 갚아나갈 것을 굳게 다짐한다.

죽음의 수용소를 쓴 빅터 프랭클은

'의미 없는 고통은 없다.
 의미를 아는 순간 고통은 사라진다.'
라고 했다.

의미를 알고 살아가는 나날이 되기를 다짐하면서
긴 시간의 여정을 마친다.

공무원 덕림씨

글 최덕림

발행 2판 3쇄 발행일 2020년 01월 15일 | **발행인** 김기백 | **발행처** 컬쳐코드 (culture code)
기획 (주)디자인상사 | **총괄편집** 박혜림 | **디자인** 강민구 | **원고구성** 하선경, 서현호
출판등록 제 2008-000148호(2008.09.10) | **주소** 서울특별시 마포구 성산로 8안길 14, 501
전화 070.7520.9063 | **팩스** 02.6442.9061
홈페이지 www.culturecode.kr, www.designwhy.org | **온라인샵** www.designwhy.shop
이메일 culturecoding@gmail.com
ISBN 978-89-94814-22-3

이 도서의 국립중앙도서관 출판시도서목록(CIP)은
서지정보유통지원시스템 홈페이지(http://seoji.nl.go.kr)와
국가자료공동목록시스템(http://www.nl.go.kr/kolisnet)에서
이용하실 수 있습니다.(CIP제어번호: CIP 2017018069)

잘못 만들어진 책은 구입한 곳에서 바꾸어 드립니다.

사진 출처: 순천시청(http://www.suncheon.go.kr)